フィールドワーク選書 14

印東道子・白川千尋・関 雄二 編

スリランカで運命論者になる

仏教とカーストが生きる島

杉本良男 著

JN252087

臨川書店

扉写真――村の水浴場で水を浴びる女性。(1983年撮影、本文76頁参照)

目次

はじめに

友人がタイで買ったという魔法の帽子がある。なんの変哲もないふつうの帽子なのだが、長年現地調査（フィールドワーク）を続けてきた人類学者がかぶると、不思議と現地の人間に見えてしまうのだ。

人類学者はよく、なぜその調査地を選んだのですか、と問われる。そして多くの研究者が、いやー、それはたまたまそうなっただけです、と応える。そうは言っても、自分が意識しないところで、現地になんとなく惹きつけられているところがあるようにも思える。人類学者は研究対象を選んだのではなく、選ばれた、あるいは選ばされた、というのが適当なのかも知れない。調査対象や調査テーマの選定にはどこかで調査者みずからが背負っている運命が色濃く反映されるし、またじっさい入った調査地で現地の状況に左右されてテーマが変わっていく経験も珍しくない。

それは偶然のようで必然、必然のようで偶然なのであろう。そこに人類学的現地調査の醍醐味があるし、そこから出発し、常に現地に戻ろうとする人類学者の営為の本質でもある。そして、調査経験を積むとともに、人類学者はその立ち居振舞いだけでなく、風貌さえも現地の人びとに似てくるから不思議である。まことに人類学者はフィールドでつくられる。

かくいうわたしの場合はどうかというと、これもいくつかのご縁がからみあってのことだと今になって思う。南アジアへの漠然とした想いは、おそらく子供の頃に親しんだ『西遊記』から来たものであろう。ただ、この小説のもとになっている玄奘三蔵の『大唐西域記』に、セイロン島の建国神話に関する記述があることは知らなかった。そして、大学に入ってから南アジアに関する講義をもっておられた佐々木宏幹先生（駒澤大学）との出会いもまた仏縁のなせるわざといってよい。東北の名刹に生まれた先生の講義に接して、インドの宗教・哲学もさることながら、カースト制の問題にどうしても関心が喚起された。

わたしは、小学生の頃に生地の北海道から東京に移り住んだ経験からか、それぞれの社会が抱える民族の違いや差別の問題をどうしても念頭から外すことができなかった。こうした仏縁と差別への関心に導かれて、まずはスリランカ、そして次にインドに向かったのだといまさらながら思う。さらにその後、そのいずれもが広い意味でのナショナリズムに支配されていたことを知る。それはつきつめれば権力の問題に行き着くのであり、それが今日まで一貫した問題意識の根底にある。それにしても、感性豊かな大学入学時に最初に抱いた学問的関心は、形を変えながらも一生続くものである。それは大学で教えた経験からもつくづくそう思う。

一時と七時

スリランカを初めて訪れたのは一九八一年。当時東京都立大学の千葉正士先生を代表者とする科学研究費による予備調査であった。翌八二年には少し長く三ヶ月ほどの調査を行った。初めからお世話になっていた茶園の経営者ピーリスさんのところに滞在していた時に、同じ調査隊のメンバーで当時コロンボに滞在していたO氏からピーリスさんに電話があった。南西部の有名な聖地カタラガマに行くけれど、わたしにも来ないかという誘いであった。急な話ではあるが、せっかくの誘いなので、受けることにした。

ピーリスさんには、夜の七時《しち》に現地で待ち合わせだと言われた。どちらにしろ一日がかりの行程なのと、初めての土地、それも巡礼客がごったがえすスリランカ第一級の聖地なので、少し早めに出かけようということになった。滞在していた村からは、まずバスでデニヤーヤという町まで約一時間、そこでバスを乗り換え、さらに途中一度バスを乗り継いで、南海岸のマータラまで行って、さらにそこでカタラガマ行きのバスに乗り換える。家を出てからそこまでで、ほぼ五時間あまりかかった。

マータラからカタラガマまでは幹線なので、ひっきりなしにバスが走っている。時刻は午後三時すぎ。自分の乗っていたバスに日本人と現地の男が大声で話しながら乗り込んできた。どうやら乗っていたバスが途中で故障したので乗り換えて来たようだ。驚いたことに、その日本人がなんと件のO氏であった。O氏はピーリスさんに午後一《いち》時に待ち合わせると連絡していたが、大幅に遅れてしまってひどく焦っていたようだ。ともかく、一時と七時に待ち合わせていた二人が、途中で偶然同じバスに乗り合わせたのだった。携帯もない時代に、広い聖地でどうやって連絡するのかもはっきりしないまま、本当に会えるのかという不安が一挙に解消したのだが、この奇蹟的な遭遇はいまでも忘れることはない。

これを偶然というのは簡単だが、当事者になってみれば、そこに何かあると考えなければ到底説明がつかない。このような感動的な出会いや再会だけでなく、現地調査では本当にさまざまな不思議な出来事に出会う。ましてスリランカは名うての仏教国である。そんな不思議な出会いを繰り返しているうちに、人類学者は調査地で筋金入りの運命論者になる。

異郷・異人・異文化

スリランカの地での現地調査は、言うまでもなく本格的な人類学者となる第一歩であった。人類学は、「いまそこ」に暮らす生身の人間の生活のリアリティを唯一無二の「根拠」とする学問であるから、「フィールドワーク」によって、異郷の生身の身体をもつ人間と直接交流することが不可欠である。そして、人類学は、人との出会いと別れを繰り返す学問でもある。人類学は、研究者が見知らぬ土地で、見知らぬ人びととつながりを持ち、ひいては人類、人間が抱えるさまざまな問題を考えようとする学問だからである。人類学者の思考はつねに、調査地から出発し、調査地に足場をおき、調査地に帰る。そして、自分の故地に帰ってもさらに考え続けている。「フィールドワーク」とは、単に資料を蒐めるための営みなのではなく、人類学にとってのアルファでありオメガなのである。

人類学者は、基本的に自分が生まれ育った場所とは生活習慣などが根本的に違う「異郷」にわざわざ出かけて行って、そこに暮らす人びとの生の日常生活に直接接触し、そこで得られた情報をもとに、それぞれの関心に従って議論を組み立てる。それがたとえ自分が生まれ育った場所であっても、いったん自分から切り離すことで、「対象化」され「歴史化」される場所である。そのとき、身体的にも文化的にも現地に同化しようと努力しながら、結局はあえて完全には一体化しないのも現地調査の根本である。つまり、異郷を訪れて、同化と異化とを繰り返すのが人類学的調査の特徴であり、人類学がもっとも重視するのは、この異質性、他者性、外部性である。

フィールドワークによって集められたさまざまな情報を再編した記述的な民族誌が基本である。人類学には大きく遺伝的、生物的特徴を考察する形質人類学（自然人類学）、物質的、慣習的特徴を考察する文化人類学、関係的、集団的特徴を基本に考察する社会人類学とがあり、またこれら三者を横断するかたちで「民族」の生態、生業、生活を扱う民族学がある。人類学にとっては、人びとの生活の形式化、様式化、制度化された側面が問題関心の核心であり、そこから人間、人類の多様性と共通性を探ろうとするのである。したがって、「いまそこ」に在る人びとの生活を直接見聞きし体験する「フィールドワーク」がもっとも重要な方法である。

ひところフィールドワークの権力性をめぐる議論が学界をにぎわせたことがある。そこでは、調査する側の優位性に自己反省が加えられてきた。ただ、不思議なことに、調査者と現地との優劣を説く人びとは、そうした不均衡をもたらしている世界の構造に関心がなく、また、現地の人びとを一方的な被害者としかみない風潮があった。それはある意味研究者が現地の人びとを見下していることが露呈してしまっている。これに対して、フランスの人類学者ゴドリエなどがいうように、文化を歴史的産物だと考えれば、この対立は自家中毒に陥るのである。

本書の各章では、一九八一年からのスリランカでの経験を中心に、その後のインドでの調査の経験も「比較」材料として示しながら、三章九節にわたってお話することにしたい。

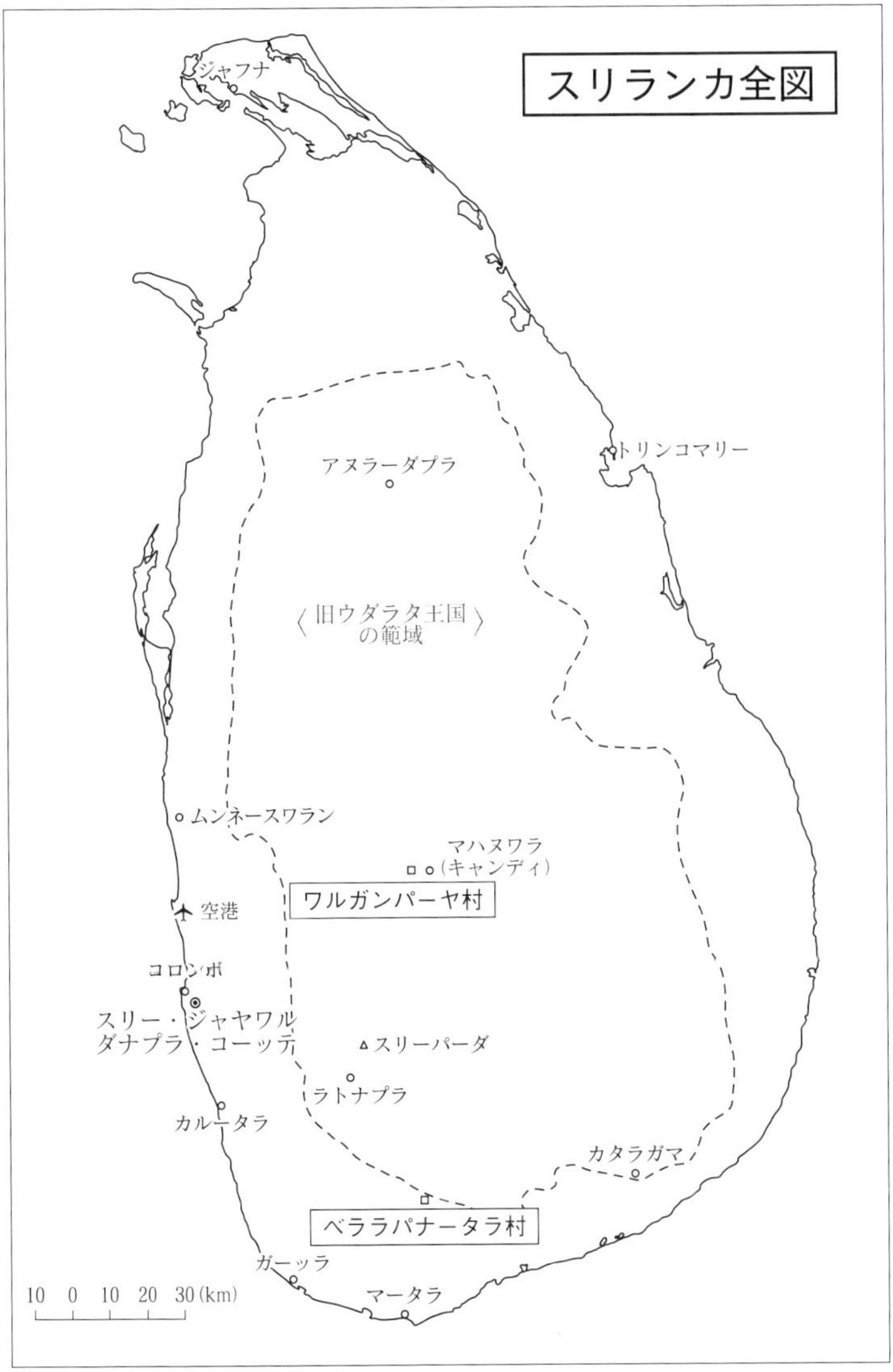

スリランカ全図
ジャフナ
トリンコマリー
アヌラーダプラ
〈旧ウダラタ王国の範域〉
ムンネースワラン
マハヌワラ（キャンディ）
ワルガンパーヤ村
空港
コロンボ
スリー・ジャヤワルダナプラ・コーッテ
スリーパーダ
ラトナプラ
カルータラ
カタラガマ
ベララパナータラ村
ガーッラ
マータラ
10 0 10 20 30(km)

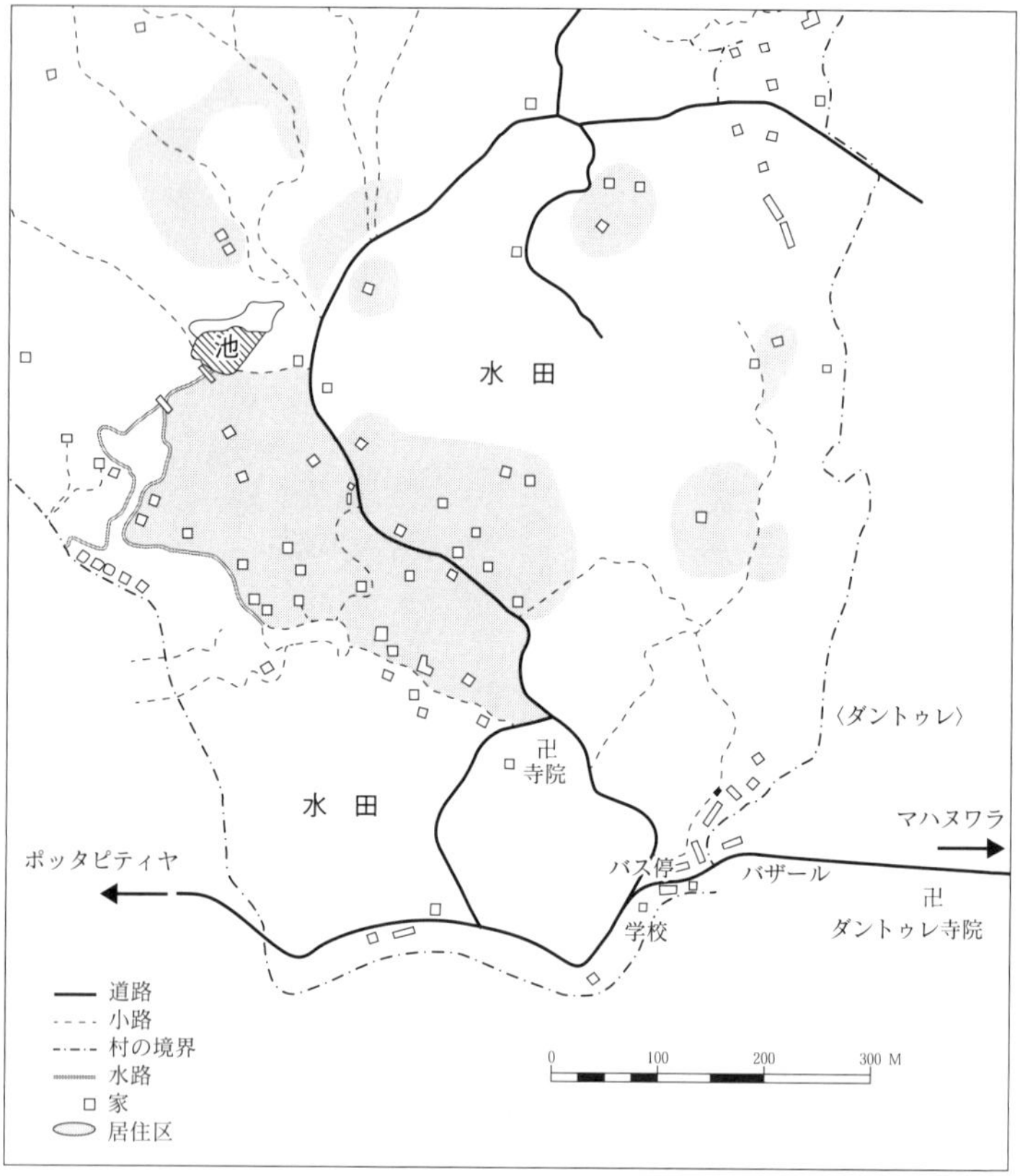

地図２　ワルガンパーヤ村の概念図（中心部）

第一章　スリランカへ

さて、スリランカはどのようなところなのか、簡単に紹介しておこう。スリランカは、インド洋に浮かぶランカー島および周辺の小島を含み、正式名称を「スリランカ民主社会主義共和国」という。ランカー島はアボガドの切り口にも、またインド亜大陸の涙のひとしずくのようにもみえるかたちをしている。二〇一二年国勢調査時点で人口約二〇二八万人、調査時の一九八六年推計では一六一二万であった。面積は六五六一〇平方キロで、北海道より一回り小さく、四国と九州を合わせたほどの広さをもつ。首都は、スリー・ジャヤワルダナプラ・コーッテであるが、実質的な中心都市はかつての首都コロンボである。

この島は、インドの叙事詩『ラーマーヤナ』にいう「ランカー島」にあたるとされ、また自治領として一九四八年に独立してから一九七二年までは「セイロン」、一九七二年から「スリランカ共和国」、一九七八年より「スリランカ民主社会主義共和国」となった。北部のジャフナ半島周辺に若干の小島があるものの、ほぼ単一島嶼国といってよい。インド本土とのあいだにはポーク海峡があるが、かつては陸つづきだったという。太古よりインド本土との交流が盛んであり、インド・スリランカ間の〈交通〉は極めて重要な意味をもっている。

ランカー島には、島の中南部にピドゥルタラーガラ（標高二五二四メートル）を最高峰とする山塊があり、これをとりまく高原部を中央高地とよんでいる。気候的には大きく二分され、中央高地に南西モンスーンがぶつかって降雨量の比較的多い地域が「湿潤地帯」、そのほかの比較的平坦で降雨量の少ない地域が「乾燥地帯」である。いずれも農業主体で、主作物は水稲である。ほかに、植民地時代からのプランテーション農業があり、紅茶・ココナツ・ゴム・香料が四大作物とされる。これらのプランテーション農業は主に山の斜面を利用し、平坦な土地では水稲が栽培される。季節は、二つの「間モンスーン期」(四・十月)をはさんで、「ヤラ期」(北東モンスーン期、十一〜三月)、と「マハ期」(南西モンスーン期、五〜九月)に分かれる。ヤラ期には全土で降雨があるのに対して、マハ期には湿潤地帯にのみ雨がふる。水稲耕作はこの両期に対応して二期作が行なわれている。

スリランカの人びとは、日本人におおむね好意的である。日本人のスリランカ・イメージは仏教、紅茶、宝石などにかぎられるが、スリランカの人びとは広島、長崎の原爆のことを知っており、同じアジア人でありながらそこから驚異的な経済発展をとげた日本人に敬意をもっている。日本は第二次大戦末期にスリランカを爆撃したこともあるが、それで敵意をもつひとはいない。それよりも、サンフランシスコ講和会議でのちに大統領になったジャヤワルダナ代表が同じ仏教国の人間として日本を擁護したことや、東京オリンピックの陸上競技で最下位のスリランカ選手に温かい拍手がおくられたことが、美談として語り継がれている。

スリランカは多民族、多宗教を抱える国である。人口構成は、一九八一年の国勢調査資料では、人種(race)構成の項目のもとに、大きく、シンハラ(一〇九九万)、タミル(二七〇万)、ムーア(一〇六万）の三大集団と、バーガー・ユーラシアン（ヨーロッパ人との混血、三・八万）、マレー（四・三万）、その他（二・九万）とに分けられていた。また、ウェッダー、ヨーロピアンという分類もあったが、いずれも少数であるために現在では「その他」にふくめられている。割合でいうと、シンハラ七十四パーセント、タミル十八パーセント、ムスリム七パーセントほかとなるが、一九八一年以後民族別の正確な統計が公表されないので、実体は不明である。ここで、民族にあたる区分が人種として括られているところは、学問とは離れた現実世界のとらえ方をよく反映していた。一方、宗教別では、仏教徒（シンハラ）七十パーセント、ヒンドゥー教徒（タミル）十五パーセント、キリスト教徒七・五パーセント、ムスリム七・五パーセントとなっている［二〇〇八年推計］。

「シンハラ」は、基本的にはシンハラ語を話す人びとである。かつてはシンハラといえばそのまま仏教徒を意味したが、現在ではその一部がキリスト教化しているので、イコールではない。シンハラ人はスリランカにのみ住み、インド・スリランカにまたがるタミルとは異なっている。かつてその一部は、モルディヴ諸島にも広がっていたが、十二世紀にモルディヴがイスラム化されてのち、両者のつながりはとだえた。また、一九八一年統計からは廃止されたが、シンハラ内部に、低地シンハラ、高地（キャンディ）シンハラの区別があった。これは、英国統治とともにほぼ旧ウダラタ王国範域を継承した「キャンディ州」がおかれた地域のシンハラ人を「高地シンハラ」、それ以外のおもに海岸部にあたる「海岸州」のシンハラ人を「低地シンハラ」とよんだ歴史的区分にしたがっている。

表1　スリランカの人口（万人）

年	1827	1871	1891	1921	1946	1963	1981	2001	2012
総人口	89.0	240.0	300.8	449.8	665.7	1058.2	1484.7	1879.7	2026.4
マハヌワラ県	6.4	23.2	28.8	43.4	71.1	104.4	104.8	127.9	137.0

表2　民族、宗教別人口（2012年、パーセント）

民族	全国	（マハヌワラ県）	宗教	全国	（マハヌワラ県）
シンハラ	74.9	(74.3)	仏教	70.2	(73.4)
スリランカ・タミル	11.2	(5.2)	ヒンドゥー教	12.6	(9.8)
インド・タミル	4.2	(6.1)	イスラーム	9.7	(14.3)
ムーア	9.2	(14.0)	キリスト教	7.4	(2.5)
その他	0.5	(0.5)			

[Economic and Social Statistics of Sri Lanka 2013, Central Bank of Sri Lanka]

一方、スリランカには、キリスト教、イスラーム、仏教、ヒンドゥー教の世界のいわゆる四大宗教がそろっている。仏教とヒンドゥー教は紀元前より信仰されていたのに対し、イスラームは海路を通じて、直接にはインドから八、九世紀ごろに伝来したとされる。キリスト教は十六世紀初頭より海岸部を支配したポルトガルがもちこんだもので、南インドのように、紀元後すぐに伝来したものではない。キリスト教伝来以前には、仏教徒とシンハラ、ヒンドゥー教徒とタミル、イスラーム教徒とムーアはほぼ同義であったが、キリスト教が入ってからは、とくにシンハラ、タミルに一部改宗する者がでて、民族・宗教間の対応はくずれている。

調査地は中央高地部のいわゆる「ウダラタ社会」にある。「ウダ・ラタ」は「高（上）・地（国）」という意味をもつが、これには、広義・狭義二様の意味がある。広くは、イギリス植民地支配における、キャンディ州（旧ウダラタ王国範域）／海岸州（王国範域外）の区分をうけた、旧ウダラタ王国範域を指す。狭くは、王国範域内の中枢を占める「カンダ・ウダ・パス・ラタ」（山・上・五・国）、つまり現在の中央州マハヌワラ県と若干の周辺部にあたるウドゥヌワラ、ヤティヌワラ、ハーリスパットゥワ、ヘーワヘタ、・ドゥンバラ五国を指している。

現地調査は、ウダラタ社会の中心地域である中央州の、そのまた中心をなしたマハヌワラ県ヤティヌワラ郡内で行われた。ウダラタ王国時代には、王国の中枢をなす「九道」とその周囲をとりまく「十二州」との行政区分があったが、現マハヌワラ県は古都マハヌワラを中心に九道のうちの七道を含んでいた。イギリス支配下の一八三三年に、このマハヌワラ地方に特権を与える行政区分が廃止されたが、意識のうえでは依然として、シンハラ王国復古派の心の拠り所となっている地域である。ヤティヌワラ郡と南隣のウドゥヌワラは、マハヌワラの西側に隣接しており、王国のなかでも王都につぐ重要な地域であった。ヤティヌワラの人口は、一八二一年統計では三千あまりであったが、一八八一年には一八〇〇〇、一九八一年現在で約八二〇〇〇とされていた。

1　乱世の学問

わたし自身は徹底した平和主義者だと大いに自覚しているのだが、その一方で人類学は乱世の学問である、とさまざまなところで吹聴していたせいか、スリランカでもインドでも、不思議と紛争、暴動に巻きこまれることが多かった。もちろん、八〇年代、九〇年代は、いわゆるポスト・モダン状況が極まって、世界的にみても紛争、暴動の時代であり、とりわけそれに宗教が絡んでいることが多かった。それにしてもいろいろな騒動に巻きこまれたものだが、そのきっかけはスリランカを吹き荒れた一九八三年以来の紛争で、そこから調査研究のテーマも大きく変わっていった。

スリランカはとくに一九八三年以来、あいつぐ紛争の波にもまれてもみくちゃにされ、その後四半世紀をすぎてようやく、二〇〇九年になって終息宣言が出された。しかしこの間に被った物心両面の被害は、計り知れないものがある。わたしは一九八三年暴動のときには、スリランカの村にいて直接間接にこの間の騒動を見聞きすることになった。その後八六年からはしばらく足が遠のいていたが、九二年にひさしぶりに訪れたときに、調査村がこのあたりにかくれもない過激派テロ組織の温床であったことがわかった。そして、親しくしていた友人や、お世話になった村の有力者などが銃殺されたことなども聞かされた。村はとくに一九八八年から八九年にかけて最悪の状態にあり、それがすぎさったあとも悪い思い出から立ち直ることができず、人びとが口を閉ざすことが多くなったのである。その後も何度かインド経由でスリランカを再訪しようとしたが、そのたびに爆弾テロなどがおこり、再び足が遠のいている。調査地の荒廃を見るにつけ、すでにかつての牧歌的な調査ができなくなっていることに慄然とする。

聖地カタラガマ

四半世紀にわたってスリランカを国家的に揺るがせた一九八三年暴動が起ったとき、わたしは中央高地の農村で調査を行っていた。この騒動は、スリランカの歴史に暗い影を落とすとともに多く

写真1　聖地カタラガマにはありとあらゆる種類の人びとが集まっている。道端には物乞いがいるが、この人びとは小銭の両替もやっている。集めたお金はグループで集めて、それを次には両替にまわして一割の手数料をいただく。(1982年)

の友人を失い、わたしのスリランカ経験にも消すことのできない禍根を残した。二〇〇二年にほぼ十五年ぶりにスリランカを訪れたとき、古都マハヌワラ（キャンディ）の有名な仏歯寺は、金網の塀で遠巻きにされていた。とくに湖の側からは金網の戸をあけて仏歯寺方面に行かなければならず、湖と寺のコントラストによる美しい風景はもう見られなくなっていた。

観光地とはいえ、キャンディ湖のまわりはのんびりしたもので、よく湖を取り囲むちょっとした壁にもたれて時間を過ごしたことを思い出した。同時に一九八三年当時、仏歯寺ちかくの無残に破壊された宝石店などの惨状も、悪夢として思い出の中にある。この暴動が起こったのは一九八三年七月二十五日のことである。その顛末、背景については、これまで何度も触れてきたのでここで詳しくは繰り返さないが、ただ、わたしとこの暴動との関係は、非常に複雑で、それを解きあかすとさまざまなことが分かる仕掛けになっている。

スリランカの南西部に、ヒンドゥー教、仏教、イスラーム、キリスト教などを問わず、広く人びとの信仰を集めている聖地カタラガマがある。「はじめに」の、わたしとO氏との奇蹟的な出会いは、このカタラガマをめざしていたときだった。この地に祀られているのは、仏教の側からは釈尊仏陀を守護する四大神のひとつカタラガマ神であるが、この神はヒンドゥー教徒にとってはシヴァ神の子スカンダである。スカンダは、南インドではムルガンとして知られ、仏教に入ると韋駄天となる。ムルガンは、タミルナードゥではタミル人の守護神のような役割を負っていて、タミル意識の精神的支柱である。

カタラガマは、もともとヒンドゥー神ムルガンを祀る聖地の地名であるが、そのまま神名としても受け取られている。カタラガマは、南西部のドライ・ゾーンのジャングルのなかにある。中心には「マハ・デーワーレ」(大神宮)があり、内陣にはカタラガマ神の槍が本尊としておかれている。まわりには、ガネーシャ、ウィシュヌ、カーリー、パッティニ、マンガラなどの神がみの祠がある。一キロほど離れたところには、大きな仏舎利塔があり、デーワーレをはさんで反対側にはイスラーム聖者廟がある。いずれの信者も、まず大神宮に詣でてから、それぞれの宗教施設に散っていく。

聖地カタラガマは、もともとはヒンドゥー教の聖地であった。タミル・ヒンドゥーにとっての聖地としては、すでに僧侶が歴代の王の業績を記したスリランカの正史『小王統史《チューラワンサ》』のアッガボーディ王（六六七―八三）の事績に見られる。「長子はアッガボーディカ、…ローハナと名づく地方に王となれり。かの大有福者は…同じくパリヴェーナ精舎並びにカーヂャラガーマカを（造りたり）」（小王統史四五―四五）。このカーヂャラガーマが件のカタラガマである。

その後、十五世紀コーッテ王国時代に釈尊仏陀を守護する四大神のひとつに取り入れられ、大いに民衆の支持を得たようである。しかし、一八一五年にウダラタ王国が滅亡し、イギリスによる植民地支配が確立すると、民衆から支持されなくなり、十九世紀後半には実質的に廃墟状態になっていた。ただ、十九世紀後半にイギリスがプランテーション労働者として移住させたタミル人が再び信仰の対象とするようになり、次第に訪れる人が増えた。一九四九年に道路が整備され、五二年にはバスが走るようになった。一九五〇年代からはこれが仏教ナショナリズムと連動して、仏舎利塔が作られるなど、仏教の聖地として整備された。こうしてタミル人のシンボルであるムルガン＝カタラガマは、シンハラ仏教徒のシンボルに生まれ変わったのである。

一九八三年暴動の発端

一九八三年七月、調査村の隣のダントゥレの町の数人が、乗用車を仕立ててこのカタラガマまではるばる巡礼の旅に出た。その帰りに、コロンボの南にあるカルータラという町の海岸で休憩中、突然の高波にさらわれて三人とも亡くなってしまうという痛ましい事件があった。村の周辺には、かつての駕籠かきカースト（バッガマ）の人が多く、現在はバスの運転手や車掌になっている人が

写真２　1983年暴動が起こる前日に、村で三つの葬式が重なり、宗派の違う僧侶も参加していた。右肩を出しているのが村の寺院を管掌するシャム派の僧侶、真ん中の両肩を覆っているのがアマラプラ派の僧侶である。（1983年）

多かった。バッガマの人たちは、遺体引き取りのために国営バスを流用して、はるばる西海岸まで出かけて行った。そのあと村の周辺で、三つの葬式が同時に行われることになった。

二章第1節で述べるように、シンハラ仏教徒の葬式は開放的であるとともに、大勢の僧侶の参列が欠かせない。村では三つの葬式が重なって、僧侶の割りふりに大変な騒ぎとなった。三人ともに、最大宗派シャム派の寺に属していたが、周りの村からかき集めても僧侶の数が足りないので、改革派として旗揚げした別系統のアマラプラ派の僧侶なども動員されていた。宗派の違いは、僧侶の社会（僧伽）では明確であるが、信者の側には及ばない。これは、出家僧侶が在家と切り離されている南方上座仏教に特有の現象である。

ともかくこの三軒の家をまわる人びとで村の中は混雑していた。この日はまた満月の聖日であったが、それどころではなく、周囲はお葬式ムードに覆われていた。

葬式があると、村の人びとは埋葬の前に遺体を見にお参りしなければならないが、そのとき参列した人びとが、明日もまた南隣のカドゥガンナーワという村で葬式があると噂をしていた。それが七月二十四日のことである。そのときにはなんとも葬式づいているものだ、と軽く考えていたが、これが一九八三年暴動の始まりだったことにあとで気づくことになる。噂にのぼっていた葬式は、隣村出身の政府軍兵士のものであり、この兵士は北部のジャフナに駐留していて、タミル・ゲリラ側に襲撃され、命を落したということであった。

このとき、ジャフナでタミル・ゲリラに襲われて亡くなった十三人の兵士の葬儀は、二十五日にコロンボで国葬級の扱いで行われた。それと前後して、コロンボでシンハラ人からタミル人への報復の襲撃が始まったようである。ジャフナでの兵士殺害が七月二十三日、翌二十四日夜にはすでにコロンボの商店などの焼きうちが始まっていた。焼きうちが広まったのをうけて、葬儀が行われた二十五日の午後には、スリランカ全土に外出禁止令が公布された。村でも午後四時すぎに慌ただしく人が走り、外出禁止令が出たことを伝えた。ただ、村では状況がいま一つよく分からず、それほどの緊張感はなかった。

その後八月初めまで外出禁止は続いたが、村の中では直接の影響は大きくなかった。いつものように商店は店を開け、外出禁止だよ、などと冗談を言い合いながら、ふつうに商売をしていた。このころはまだ、村に直接の影響は及んでいなかったのだが、村からバスで四十分ほどの距離にある古都キャンディなどに勤めに出ている人から、市内のほうぼうで焼きうちが行われていることは聞かされた。当時新聞などにも報道規制がかかっており、わたし自身それほど深刻な事態に発展するとは認識していなかった。例年七月ごろの祭礼の時期に騒動が起こっていたので、その延長だ、くらいにしか思っていなかったのである。

そうはいっても、新聞を見ると国家的な緊張状態を知ることができた。まだテレビが普及していない時代で、ほとんど唯一のメディアが新聞であった。当時スリランカの新聞は、国民党系の『デイリー・ニューズ』と自由党系の『サン』が代表的な全国紙で、政権交代が起こると政権に近い方が勢いを得ていた。ほかに独立系で反政府色が濃かった『アイランド』が出現し、寡占体制に風穴をあけていた。ただ、この新聞の社主でのちに大統領選挙出馬も噂されたウパーリ・ウィジェーワルダナが、この年一九八三年に飛行機事故で亡くなった。当時大統領候補として人気のたかかったウパーリの死は、本当に事故死なのか、あるいは政治的陰謀による暗殺なのか、大いに物議を醸したものである。

わたしは、村で『アイランド』紙を講読し、毎日家に届けてもらっていた。暴動が始まると、段々記事が検閲を受けて禁止され、空欄が目立つようになった。『アイランド』側は、わざわざ検閲で削除されたことをアピールするためか、Censored と大書してそのまま印刷して抗議の姿勢を表明していた。ときにはほとんど一面全体が白紙になっていたこともあった。ここから逆に、政府筋が事実を知らせることに非常に神経質になっていたことがわかったのである。

この頃盛んに取り沙汰されたのは、この紛争の背後にソ連の陰謀が働いているという情報であった。新聞紙上では、ソ連や東ドイツの外交官が突然帰国したことが報じられ、それは暴動を裏で操っていたことが発覚するのを恐れてのことだ、とまことしやかに解説されていた。スリランカは長く社会主義を標榜してきたが、この数年前から開放経済に転じ、アメリカや日本に近づいていたこともその背景と解説された。その後、この騒動に関してさまざまな研究書などが出版され、後に首相になったプレマダーサと経済人のマシューなどが糸を引いていたとの観測が主流になった。そのためか、プレマダーサが任期中に暗殺されたときに、悲しむ人より喜ぶ人の方が圧倒的に多かった。

ヴィザの延長

紛争が長引くにつれて、村に滞在していたわたしとO氏に大きな問題が起こってきた。滞在ヴィザの期限が迫っていたからである。そのため、調査の初期にキャンディでお世話になっていたティッサ・ウィジェーラトナ氏に相談に行った。ティッサ氏はともかくコロンボに行って、これこれの人に会って相談しなさいと助言をくれた。ティッサ氏があげた名前には、ヒンドゥーやムスリムの名前があったので、少しいぶかしく思ったのだが、要するに、宗教、民族を問わず、エリートはたがいにズブズブなので、問題ないのだという説明であった。このときティッサ氏が手をもみながら、ズブズブと言ったすがたは今も目に焼きついている。

あわてて飛び乗ったコロンボ行きのバスは、まだ焼きうちのあとが生々しい町まちを通って行った。このバスの中で、日本人としても震撼すべき出来事に出会う。途中の町で止められたバスに、軍、警察が乗り込んできて、後ろの座席に座っていた人に、名前を言え、と命じた。わたしはすぐにタミル人をあぶり出そうとしていることを察知した。のちにも触れるが、タミル人とシンハラ人は外見上ほとんど見分けがつかない。しかし、タミル人はとくに語頭の濁音を発音しないので、訛りから分かってしまうことがある。このようなときに、バケツと発音させて、パケツと言ったらタミル人だと正体が分かってしまい、結果袋叩きにあったという恐るべき話も聞いた。

バスのなかで身をもって経験し、震撼したのは、悪名高い関東大震災後の朝鮮人襲撃の構図がそのまま繰り返されていたからである。それも語頭の濁音、ましてやバケツということばまでが同じであることに驚愕した。それだけでなく、シンハラ人は濁音を発音できないことをネタに、それも下ネタ絡みでタミル人を馬鹿にすることがある。民族紛争の恐ろしさは、こうした差別感情が知らず知らずのうちに昂揚するところにある。それは、道中見かけた焼きうちよりも何倍も恐ろしいことであった。スリランカは文化的に日本と共通する点が多いが、地理的にも大陸との関係で、北インド—南インド（タミルナードゥ）—スリランカと、中国—朝鮮半島—日本との位置関係が非常によく似ていることにあらためて気づかされる。

コロンボに着いた夜は、飛び込みで市内の中級ホテルに泊まったが、周囲を軍が警戒していて、村とは全く異なる緊張感が支配していた。そうした物々しい雰囲気のなかで、翌日目当てのエリート氏に会うことができて、その紹介で出入国管理事務局に行って女性の担当官に会い、正規の手数料を支払って無事ヴィザの延長が認められた。非常に緊張して行ったものの、何千円かのお金を払ってあっけなく延長が認められたので、おおいに拍子抜けをした。それはまた、この地域における人脈の大切さを物語っていた。

また、焼きうちが始まった二十四、五日に、勤務先の大学の経営学部の先生が多国籍企業の調査のためにコロンボを訪れていて、文字通り外出禁止状態のなか、ホテルに缶詰になっていたことをあとで知った。件の先生は何が起こったのかまったく分からないままに、目的の調査を十分果たせないまま帰国せざるを得なかったようだ。問題は、スリランカが、それまでの社会主義基調の体制から、自由経済の方に大きくシフトしようとしていた時期に、この暴動があたってしまったことであった。

このことは、日本の新聞の暴動の第一報の多くが隣国インドの特派員によって伝えられたのに対して、意外にも、唯一日本経済新聞だけが、現地からの情報を伝えていたことに現れている。当時、日本とスリランカは密接な経済協力関係を結ぼうとしており、当時の東京銀行が支店を開く準備のために経済使節団がスリランカを訪れていたからである。その後紛争が拡大するにつれて、こうした協力関係に水を差されたかっこうになってしまったが、日本との経済協力関係は、現在まで紆余曲折を経ながらも強固なものがある。

その後紛争は四半世紀にわたり、二〇〇九年にようやくとりあえずの終止符がうたれた。とはいえ、民族暴動はこの間スリランカを根底から揺るがしてきたし、今もその後遺症を克服できないでいる。

人民解放戦線JVP

一九八三年暴動の影響は、村のなかではそれほど大きくはなかった。しかし、このころ民族紛争とともにスリランカ情勢を混乱させていた極左集団JVP（人民解放戦線）の活動の影響はそれよりも大きかった。このグループはおもに青年層の支持を背景に急速に勢力をのばし、七〇年代後半からスリランカ全土に大きな影響力をもつようになった。一九八三年暴動のさいには、政治的混乱を招いた集団の一つとして非合法化され、活動は地下に潜ることになった。指導者ローハナ・ウィジェーウィーラは、キューバのフィデル・カストロやチェ・ゲバラを模範としていた。カストロ髭をはやして風貌を真似るとともに、戦術面でもゲリラ戦を展開する方針をとった。JVPは南部の低地を主要な支持基盤としていたが、次第にスリランカ全土に拠点を展開していった。そして、わたしが滞在した村もそうした拠点のひとつだった。

ローハナ・ウィジェーウィーラは一九四三年生まれ、父の影響ではやくから共産主義に共感をもった。一九六六年ごろキューバ革命が起こると、チェ・ゲバラとカストロに共感して、一九六七年末に仲間とともに人民解放戦線JVPを結成した。一九六九年には武装化を決定し、農園で軍事訓練も行った。その後一九七〇年の総選挙にうってでて、ようやく公の場に登場した。しかし選挙運動期間中に政府から危険人物とみなされ、五月に武器の不法携帯のかどで逮捕された。一九七一年四月五日ウィジェーウィーラは再び逮捕されたが、このときＪＶＰメンバーが各所で決起した。しかし決起は失敗し、一六〇〇〇人あまりが逮捕され、数千人が虐殺された。これが世に名高い一九七一年暴動である。ウィジェーウィーラは収監され、一九七八年に釈放されるまで、八年間の獄中生活を送った。

解放後、ウィジェーウィーラは活動を再開し、しだいに左翼のリーダーの地位に昇りつめる。絶頂期ともいえる一九八〇年代初頭には、大統領選挙の有力候補として浮上した。ウィジェーウィーラは青年層の圧倒的な支持を得て、当時現職のジャヤワルダナをも脅かすような影響力をもっていた。スリランカは開放経済に転じ、とくに日本などの経済援助を広く求めていた時代である。外国資本による観光開発や、援助によるダム開発など巨大プロジェクトが続々と開始されていたが、そのさなかに一九八三年暴動が起こった。

調査した村には、あまり表に出してはいないものの、熱烈にＪＶＰを支持する少数の人びとがいた。村の大半の人びとはそのことをよく知っていたが、このＪＶＰ支持者は、皮肉にもわたしが村に滞在しはじめたときに一番よくしてくれた人たちで、その後もとくに親しい交流があった。年配の男性は村のこと全般をよく教えてくれたし、息子は野菜の仕入れにマハヌワラ（キャンディ）のマーケットまで同行してくれた。もう一人の若者は、結婚したてで小さな子供を抱えていて生活は楽ではなかったが、家に招待してくれたときには、まわりからお金を借りて茶菓子を用意してくれた。ふだんこの男性は、酒の密売で生計を立てていた。生計のためとはいえ、危ない橋を渡らなければ女房子供は養えなかったのである。

一九八三年にＪＶＰが非合法化されてウィジェーウィーラが地下に潜ったのちにこれらの人びとに会うと、ウィジェーウィーラはぜったいに捕まらないよ、と確信をもって言われた。そうこうするうちに、騒動まみれのスリランカから足が遠のき、しばらく南インドの方に研究の主力を注いでいた。その後、一九九二年に再び村を訪れたとき、ヤシ酒売りの青年はＪＶＰ内部の粛正にあい、惨殺されたあげく文字通り八つ裂きにされてバス道路に放置されていたという。年配の男性は息子が行方不明になり、自分も家に引きこもったままだといわれた。ほかにも、騒動のあおりをうけて、亡くなった知人が何人かいる。一人は、村では穏健で、揉め事があると相談を受けて解決に動いていた人であったが、こうした人格者がターゲットにされたところが恐ろしい。

この間に村で起こったことは、村の人自身あまり語りたがらなかった。スリランカに長く留学されていた故足立明氏（京都大学）は、警察部隊がＪＶＰを逮捕にやってきたときに、ＪＶＰが村の人びとを盾にしてこれに対抗したというショッキングな内容の記事を日本の新聞に投稿していた。スリランカの村を再訪したときに、人びとの話がまさにこの通りであったことに再度大きなショックをうけた。わたしの村でも、ＪＶＰが村の人びとを盾に警察に対峙し、何人かがこの間の衝突のあおりで命を失ったと聞いたからである。ＪＶＰは、警察への盾になるか、それとも自分たちに射殺されるか、という絶望的な選択を迫ったのだという。

テロの地下組織があった村には、一九八九年にウィジェーウィーラが逮捕されて銃殺され、組織が壊滅状態になって以後、警察が常駐するようになった。この警察部隊は、村の治安を守るだけでなく、様々な面で村の生活を援助している。村は、人びとがあまり信心深くなく、数百年の歴史がある名刹を荒廃にまかせていた。初めて調査に入った一九八二年からすでに寺院の再建のための募金が始まっていたものの、一九九二年に訪れたときにはまだ寺の修理改築は中途でほったらかしにされていた。ところが一九九四年に村を訪れたときに、まだ完全とはいえなかったが、一応寺院の改築が完成していた。なぜ急に完成したのかいぶかしがるわたしに村の人びとは、村に駐留する警察の経済的な援助によって改築が成ったことを知らせてくれたのである。

ＪＶＰの活動が制限された一九八三年以降、とくにウィジェーウィーラがなくなったあとに、海外に流れたメンバーが少なからずあるといわれる。これらのメンバーのなかには、いわゆる政治的亡命者として、アムネスティなどの保護を求めている者もあるらしい。最近、これらの残党が日本にやってきて組織をたてなおしているというおどろくべき噂も耳にした。その真偽はもちろんわからないが、この噂はスリランカのような政治状況が複雑な地域で、ただやみくもに西欧的・近代的な人権意識をふりかざすことの難しさを教えている。

2　伝統的な村落調査

わたしは、修士論文でスリランカ、シンハラ仏教社会の宗教儀礼について、当時流行していた象徴論、世界観などの観点から拙い文献研究の成果をまとめた。本選書第一巻で信田敏宏氏もふれているように、当時在籍していた東京都立大学の社会人類学研究室では修士段階での安直な現地調査を諌めていて、まずは文献研究に全力を注ぐように指導されていた。一九七〇年代後半の社会学、社会人類学的なスリランカ研究は、ライアンやピーリスの社会学的な研究を先駆として、リーチ、オベーセーカラ、ヤルマンなどがまずは土地所有、親族集団をめぐる古典的な社会人類学的研究を行ったのち、次第に世界観、象徴論の研究に傾いていた。一九七七年にジャヤワルダナが首相になり、翌七八年に大統領になると、スリランカ経済は一気に西欧志向となり、現地調査への門戸も開放された。このころ団塊世代の研究者が一斉に現地調査に入り、その後もしばらく調査者が続いたが、八〇年代に入って紛争が激しくなって、その勢いが止まったままになっている。

初めてスリランカでの調査を行ったのは、一九八一年のことであった。当時東京都立大学大学院に在籍しながら、国際基督教大学で非常勤助手を務めていたが、上司でありまた大学院の大先輩でもあった大森元吉先生のお誘いで、法人類学者の千葉正士先生（東京都立大学）が組織された「アジア固有法研究会」の末席を汚すことになった。この研究会は法学者が中心になっていたが、大森先生を始め、人類学者も加わって、西欧の法体系とは異なるアジアの固有法に関する研究を行っていた。さらにこの研究会を母体にした科学研究費海外学術調査のメンバーに加えていただき、スリランカの固有法に関する調査にのぞむことができた。人類学的調査については、大学院在籍中に科研費で青森県津軽地方で実施した経験はあったものの、外国旅行さえ生まれて初めてという全くの素人状態から始めなければならなかった。

紅茶工場から始まった調査

一九八一年夏に、大森先生を団長として、三名の人類学者が同行して、予備調査を行った。このときお世話をしていただいたのは、独学で日本語を勉強されたW・M・D・ピーリス氏であった。大森先生は、前年にも予備調査を実施し、ピーリス氏とも知己の間柄であった。われわれ一行は、このピーリス氏が所有する南部のベララパナータラ村にある紅茶工場から調査のまねごとを始めることになった。この紅茶工場のバンガローでの生活では、さまざまなことを学び、のちの現地調査全般を通じての重要な原点となった。本書を通じて、そのときの経験がさまざまなかたちで現れてくるはずである。

英語も満足に話せない状況でのぞんだ初めてのスリランカでは、文字通り右往左往の状態であった。一九八一年八月四日、大森先生とともに成田を出発し、バンコク経由でコロンボに到着したのは五日の十二時十五分であった。飛行機が着陸するときに、空港のある西海岸は一面ココナツの林

写真3　ピーリスさんの紅茶工場の内部。近隣の村の女性が発酵した茶葉の選別を行なっている。ご承知のように、紅茶も日本茶も中国茶も茶葉は同じである。加工の仕方が異なっていて、紅茶は酸化発酵させるが、日本茶と中国茶は発酵させない。(1981年)

で、緑にあふれていた。空港から宿となるチャンドラ・ディサーナーヤカさんのバンガローまで、タクシーで二三〇ルピー、部屋代が二二五ルピーであった。当時の換算レートは一ルピーが約十三円（一ドルが約十九ルピー、約二三〇〜二四〇円）であった。コロンボには先乗りで、千葉先生のお弟子さんのO氏が行っていて、いろいろ事情を聞くことができた。またこの間大使館関係者や、スリランカでの受入となっていただいていたニーラン・ティルチェルヴァン氏にもお会いした。

初めて紅茶工場を経営するピーリス氏に会ったのは八月六日。いつもウィットに富んだ話をされる氏から最初に聞いたジョークは、「クリスチャンは牛を殺す、ムスリムは魚をとる、ヒンドゥー教徒（タミル）は米を作る、仏教徒（シンハラ）はそのすべてをいただく」

というものであった。なんとも自虐的だが含蓄のあるジョークである。その後もこうしたやや自虐的なジョークをいろいろ聞かせてもらったが、のちに南インドの調査を行うようになってから、それが実によくあたっていたことを実感させられた。タミル人はなんとかして客人をもてなそうとするが、シンハラ人は総じて客人に何かをねだることが多かった。残念ながら、それは経験値から否定できない事実であった。八月九日、ピーリスさんの車でベララパナータラに向かった。途中険しい山道を通るのだが、六時間ほどで到着した。そして、初めて本格的な家庭料理としてのカリー

写真４　（上）ベララバナータラ村のピーリスさんが所有する茶園。中央高地部にはリプトンやブルックボンドなど海外の大企業が所有する大茶園があるが、そのほかに個人所有の茶園も見られる。(1981年)
（下）ピーリスさんの茶園で茶葉を摘む女性。茶園で働いているのはすべてシンハラ人であったが、大茶園ではタミル人労働者が多い。(1982年)

（カレー）を食べた。こうして、スリランカでの生活が始まった。

法人類学的調査

翌一九八二年夏には、千葉先生の科研費の本調査に随行して都合二ヶ月スリランカでの調査を行った。この年も、すでにO氏が先にコロンボに滞在しており、スリランカ各地をめぐって調査地の見当をつけていた。われわれが泊まったのは、スレイヴ・アイランド（奴隷の島の意）にあるニッポン・ホテルという少し怪しげなホテルであった。このホテルは、昭和三〇年代に日本人が国策に乗って開いたホテルだったが、その後人手に渡って、当時はアラブ人がオーナーだといわれた。一階部分には少し怪しげな床屋があった。ホテルはキリスト教会、モスク、ヒンドゥー寺院などが取り囲まれていた。だから、まず夜明け前にモスクの礼拝がスピーカー越しに聞こえ、そのうち教会の鐘が鳴り、祭礼の時期になると、ヒンドゥー寺院から聖歌バジャンが聞こえてきた。最初の二、三日はうるさくてよく眠れなかったが、そのうち慣れて熟睡できるようになった。

スレイヴ・アイランドという名前の通り、ホテルのある場所はあまり高級なところではない。周辺はすりや強盗なども出ると聞かされた。宗教施設はときに悪の温床となるが、教会の回りには両替詐欺が出ていた。両替しますよといって札を受け取り、じゃあ現金を封筒に入れますね、といって封筒をわたす。よくよく見れば何も入っていなくて、肝心の男はどろんを決め込んでいる、という按配であった。ある日本人研究者はこの詐欺に二度だまされたという。

夕方、このホテルの部屋からぼんやり外を見ていると、教会の横に女の人が立っているのが見えた。何をやっているのだろうと思ってみていると、立派な身なりの男がやってきて声をかけ、そのあと路地の奥のほうに入って行った。女性はそのまま立っていたが、しばらくしてまた別の男がやってきた。そのあと毎日のように、ぼんやりと路地を見ながら過ごしたが、結局システムがよく分からなかった。路地の奥のほうまで見えたのだが、何をやっているのかを実証的に明らかにすることはできなかったし、参与観察に打って出る勇気も持ち合わせていなかった。浅草と吉原のように、聖地と遊廓はどこでも表裏一体であるが、大方そんなものだろうと想像だけはたくましくしていた。

コロンボでは千葉先生始め本隊の一行とともに、大使館を訪れたり、コロンボ大学を訪れたり、千葉先生旧知の法学者ニーラン・ティルチェルヴァン氏と会ったり、パーティーに出たりと、忙しいスケジュールをこなした。そして、本隊と一緒にベララパナータラにも行って少しの間滞在した。翌一九八二年には本調査が行われ、千葉先生始め主要メンバーはベララパナータラにも赴かれた。コロンボで行われたレセプションには、当時法務大臣をつとめていたニッサンカ・ウィジェーラトナ氏や、ニーラン・ティルチェルヴァン氏も参加された。ニーラン氏はスリランカのタミル人社会のオピニオン・リーダー的な存在でもあったが、のちの一九九九年に惜しくも暗殺されてしまった。非常な人格者であっただけに、その損失は計り知れないほど大きかったが、葬儀のときには、クリントン大統領からも弔辞が寄せられていて、その存在の大きさを改めて認識させられた。

王国時代の名残り

本隊が帰国した後、わたしとO氏は英国植民地支配をうけたスリランカの中でも、比較的外国の影響が少なく、「伝統的」と思われる中央高地部の村落を選定し、継続的に人類学的調査を実施することにした。これはあくまでも当時の調査の定石を踏んだものであった。このとき、中央高地の古都マハヌワラでは、ニッサンカ法相の兄でフランス大使を務めたことのあるティッサ・ウィジェーラトナ氏が自宅をゲストハウスとして開放しておられたので、そこに滞在しながら、調査地の選定にあたった。

ティッサ氏の家はマハヌワラの中心にある湖から北にのびる道路の突き当たりにある大きなお屋敷であった。ティッサ氏は共産党員だったので、なかなか辛辣な政治批評がきけたが、その分弟のニッサンカ氏のような政界での成功はおさめられなかった。奥さんは首相を輩出したセーナーナーヤカ家の出で、義弟のニッサンカ氏を「救いようのない大臣ね」などといってからかっておられた。のちに父の後を継いで法務大臣や仏歯寺の氏子総代などをつとめたニランジャン氏もまだ紅顔の青年にすぎなかった。ティッサ氏の奥さんは、若い女性を集めて刺繍を教えており、その作品をキャンディ湖畔のスイス・ホテルで販売していた。そのとき買ったマンゴー形の物入れや、クッション・カバーなどは今でも愛用している。

この家には一ヶ月ほどお世話になったが、スリランカのエリート層の生活や人間関係をかいま見ることができたのは、のちのちのためにも大きな収穫であった。ティッサ氏は当時スリランカの社会学界の大立者ラルフ・ピーリス氏と古い友人だということで、会わせていただいた。残念ながら語学力がおぼつかず、第一線の社会学者とスリランカの現地調査についてアカデミックな議論を行うほどの下地もなかった。せっかくの機会を十分に生かせなかったのは、あとあとまで後悔の種になった。このころはとくに、「伝統的」な村落社会というものにこだわっていた時代だったので、そんなことを脈絡もなく聞いただけに終わり、今思い出しても顔が赤くなる。

その後、O氏とともに本格的に村落を回ることにして、マハヌワラからバスで三、四十分ほどかかるダントゥレという町の外れの、行政的にはワルガンパーヤに属する家にとりあえずお世話になることにした。この家はホテルでも民宿でもなかったが、おばあさんが英語が達者であるのと、それまでにも外国人を泊めたことがあると聞いて、お願いしてみたらオーケーしてくれたのである。そして、この家がスリランカでの家になった。われわれが行く前からデンマーク人の人類学者が泊まっていて、仏教の哲学を勉強するのだ、といって毎日寺に通って僧侶と高尚な話しをしていた。デンマークでは、学生の時代に一度は外国を訪れて、ホームステイをする習慣になっているとかで、そのあとにも女性が泊まっていったことがある。気のせいか三人とも表情に乏しい人びとであった。ほかにも、看護士の実習のためにシンハラの学生たちが泊まることもあった。

ワンガンパーヤ村ではコロンボにあるマールガ研究所《インスティテュート》が、モデル村落として七〇年代後半から農村の貧困についての調査を行っていた。そのため農業関係でスリランカと関係の深いデンマークからのゲストが訪れることがあったようだ。研究所の調査員とは調査で出くわすことも多く、情報交換も行った。マールガの調査は、あくまでも貧困問題が主題であり、自分の調査とは方向が異なっていた。またマールガの存在を知ってからはとくに、宗教関係の調査に集中するようにして、意図的に棲み分けを考えたが、それが結果的には幸いした。マールガの資料は各戸調査の結果であるが、自分の数字とは微妙に違っていた。公刊された調査結果は、若きスリランカ研究者の鈴木晋介氏（茨城キリスト教大学）の尽力で入手できたが、残念ながら期待していたほどの内容ではなかった。

日本などで調査をしようとすると、まずは有力者のところに行ってごあいさつし、調査許可をもらうのが最初の手続である。しかし、スリランカでも、またインドでも、こうした村の有力者や顔役にあたる人がいるにはいても、調査を許可をもらうためにどこにごあいさつすべきか迷うことが多かった。それは、村とはいっても、内実はバラバラなことが多いからである。これは、カースト制があるこの地域特有の現象だと気づいたのはしばらくたってからのことであった。津軽地方の農村を調査したときには、われわれの情報が瞬時に村を駆けめぐり、どの家に行っても正体が知られているような有り様であったが、南アジアでの調査ではかなり勝手が違っていた。

逆に、スリランカもインドも、学生が博士論文のために実施する現地調査に一定の理解があるのが幸いした。研究者や学生が、質問表を持って村に入るというのは、じっさい経験していなくとも、よく知られたことであった。だから、これは博論のためなんだよ、といえば大体分かってくれた。また、政府の調査と間違えられて、世帯人数などをごまかしている人に拒絶されるようなときも、よく説明すれば大体分かってくれた。ただ、論文を書いて就職したあとまで調査を続けようとすると、どうして博士論文が終わったのに材料が必要なのか、と逆に不思議がられるデメリットもある。そうすると、これは政府の仕事なのだ、と説明する。じっさい科研費の調査とはそう言って間違いではないので、よく使った言い訳である。ここから逆に、博士号をとり、就職してしまった後まで調査・研究を継続する研究者は、ほんの一握りにすぎないのだと納得したのもまた少しあとのことであった。

その後毎年のようにスリランカ調査に赴いたが、さまざまな事情から最長三ヶ月ほどの調査にとどまっており、人類学的調査の常道である最低一年の現地での住み込み調査は実施できていない。とくに、勤務先の大学暦などとの関係で調査時期が夏休み期間に偏っており、一年の生活のサイクルを実見していないといううらみは最後まで残っている。

ワルガンパーヤ村

調査を行ったのは中央高地のワルガンパーヤ村落である。村とはいっても、まず自然村と行政村との区別が必要で、シンハラ語では「ガマ」と「ワサマ」が対応する。ガマ（自然村）は伝統的な単位（ムラ）、ワサマ（行政村）は国家的な行政単位（村落）であって、両者は必ずしも一致しない。

ワルガンパーヤ村《ワサマ》は、ワルガンパーヤ・ムラ《ガマ》とバッジョダ・ムラ、ワハラクゴダ・ムラからなっており、総人口二一一九、このうち主たる調査村となったワルガンパーヤ・ムラは、総面積二五八エーカー（約一〇四・四ヘクタール、十町五反）、一二三六戸一一三五人（一九八五年調査）を擁していた。その後一九九二年には、ワルガンパーヤが一行政村、バョジョダ、ワハラクゴダで一行政村に分割された。このムラには、隣村のムスリムのムラ、ムンワトゥゴダから移ってきたムスリムが三十七戸、ワルガンパーヤと隣接するバッジョダピティヤ、ウダウェラの三村落から入植してできたコタガラ・コロニー八十三戸、かつてダントゥレに属していたが一部ワルガンパーヤに編入されたワラカーピティヤ区十戸をふくむ。これをのぞくと本ワルガンパーヤ・ムラは一〇六戸であっ

写真5　（上）小高いところから見たワルガンパーヤ村の風景。田んぼのなかに、ココヤシなどで囲まれているところには居住地と自給用の野菜を栽培する畑がある。（1984年）
（下）村の中央から斜面に向かって棚田のような水田が広がっている。（1983年）

写真６　ダントゥレの寺院に毎週日曜日に立っていたサンデーとよばれる市に出店していたスパイス売り。このように、料理に使うスパイス類を広く商っていた。（1985年）

た。

ワルガンパーヤはウダラタ地方の典型的な農村である。仕事上は勤め人・商人なども多いが、これらの人びともなんらかのかたちで農業に関わっている。その意味で村は基本的に農村生活である。生活の中心は稲作・水田耕作であるが、現金経済の浸透それに耕地の不足によって、畑作や換金作物の比重が高くなっている。なかでも茶の栽培が広く普及しており、政府も奨励していた。周囲の新興開発地（コロニー）はもともとは英国人の所有になる紅茶プランテーションであり、周辺地域でも傾斜地での茶栽培が多く見られる。さらに近年注目されているのが香辛料で、とくに丁子（クローブ）の栽培が盛んである。本村には、この近辺での丁子栽培の草分け的人物がおり「丁子王」とよばれていて、経済的・政治的力をもっていた。ただ、一九九四年に再訪したときには価格が急激に下落して利益があがらなくなっていた。ほかにもココナツ、コーヒー、胡椒《コシヨウ》、檳榔樹《ビンロウジュ》、タバコなどの嗜好品が広く栽培され、収入源になっていた。

村の比較的平坦な土地は水田にあてられている。水は沢の水の灌漑と天水を利用する。一九七八年に山側に貯水池が作られ、水利に関しては問題がなくなった。ただし、湿潤地帯では水過剰がむしろ問題で、解決されたのは水不足ではなく、水量の管理調整である。水稲栽培は基本的に二期作であり、三・四月ごろから南西モンスーン期（五〜九月）いっぱいつづく「ヤラ期」と、八〜九月ごろから北東モンスーン期（一一〜三月）いっぱいの「マハ期」とに分けられる。農耕作業は全く機械化されておらず、耕作は人力と水牛による犂耕作に頼っている。また脱穀も水牛の力を借りる。田植えも行うがかなり粗放的で、一時日本式田植えが奨励されたが、普及しないままであった。

村落の外観は、農地のあいだにココヤシなどの高い樹木にかこまれた居住地がかたまっていて、まるで「水田の海のなかに集落の島が浮かんでいる」ようにみえた。そのため、村落の全体像をみわたすことは逆に難しい。なかで人目をひくのは、村の寺や社などの宗教施設、あるいは学校などである。また、共同の施設として、井戸（リンダ）、脱穀場（カマタ）などが散在している。全国的にバス網がくまなく発達しており、道路も悪路ながら一応整備されている。バス停付近には小さなバザールができており、村のなかにも小さな店がある。やや大きな村あるいは町などにほぼ毎週定期的に市（ポラ）がたち、食品日用品のほかさまざまな品物があつかわれている。ワルガンパーヤの隣のダントゥレの寺院の敷地では毎週このような市がたっていた。

生活の場とサイクル

村は外観上自然のなかにとけこんでいるが、それは住居にもあてはまる。一般に、屋根の材料として、カジャン（ココヤシの葉を編んだもの）または稲藁、瓦、アスベスト（石綿）など、壁材として、カジャン、土壁、日干煉瓦、コンクリート・ブロック、セメントなど、がそれぞれ用いられる。伝統的にシンハラ、タミルとも、内陸の農村部では稲藁か、カジャン葺きに、土壁または日干煉瓦造りが主流で、海岸部の漁村でもカジャン葺き、カジャン造りが多い。床は、砂、土などに牛糞をくわえて清めた土間が原型であるが、石やコンクリートを使うことも珍しくなくなってきていた。建材のうち、日干煉瓦は専門のカーストが製造し、また壁に塗る漆喰も専門のカーストが練って塗装する。瓦葺き・コンクリート・ブロック造りの家は、もともと植民地時代にイギリス人が持ち込んだものであり、富裕な都市住民のあいだに普及しつつある。

間取りのもっとも基本的な構成は、ヴェランダ、居間、台所の三間である。ヴェランダは、〈男性〉と〈外部〉とにふりむけられており、夫または成人した長男などの寝るベッドがおかれていることが多い。また来客がある場合は客用にこのベッドが供される。居間は多目的に利用され、応接間兼食堂兼寝室といってよい。またこの部屋は仏陀、諸神、キリストなどが祀られる部屋ともなる。台所はヴェランダと対照的に、〈女性〉と〈内部〉とにふりむけられている。したがって、隣近所や親戚の女性や子供の来客は母屋ではなく台所へ入りこんで用を足したり話しこんだりする。わたしも、日がな一日台所に入っておばあさんと話し込んでいたが、これが最も効率的な調査方法で

写真７（上） 水稲は基本的に二期作で、夫婦や親戚、それに隣人などが集まって刈り入れを行なう。こうした協力関係は、日本の結いのようにお互いさまの関係である。かつては現金は介在しなかったが、当時は賃金を払うことが多くなっていた。(1985年)

写真８（下） 刈り取った稲を脱穀場まで運ぶ。おもに青年の役割である。(1985年)

あった。

夫婦といえども食事をともにすることはあまりなく、夫は居間で、妻子は台所で済ませる。これは後にのべる食事と性との類推からくるものと考えられる。大家族をかかえる家では台所とくに竈《かまど》は所帯ごとにわかれており、複数所帯が共用することはできるだけさける。結婚式を行うことが一般的でないため、夫婦関係が実質的に成立するのは二人が竈をもったときである。調理も食事も宗教性をふくむ重要な行為であり、シンハラよりもタミルのほうにその傾向が強い。たとえば死者がでた家ではその台所をつかって調理することができないし、タミル社会では生理中の女性の調理さえも忌避される。いずれにしても、〈女性〉あるいは〈家族〉にとって台所がいかに重要な場所であるかがわかる。

村の時間の周期も、基本的には農耕作業とくに稲作のサイクルにしたがって編成されている。スリランカは赤道に近いので、一年を通じてほぼ六時前後に日があがり六時前後に日が沈む。テレビが普及して夜は遅くなったが、大体夜九時までには床につき、朝六時前には起きている。朝食と夕食は比較的軽くすませ、昼食がもっとも重要な食事となる。シンハラ社会では一日は二十四時間であるが、伝統的な六十時間を一日あるいは半分の三十時間を単位とする時間観念がある。この場合、時間の基点は朝六時、そして夜六時である。一日のうち、夜明・正午・日没・深夜の四回つまり六時と零時は危険な時間「ヤマ」（yama）時とされる。

つぎに月の観念は基本的に太陽暦と太陰暦が平行している。農耕や儀礼にとっては太陰暦が規準

写真9　収穫が終わると、その場でお祝いが行なわれる。芸能カーストのベラワーが呼ばれて、太鼓をたたき、そのリズムに合わせて踊る。もちろん、そのとき酒はつきものである。(1985年)

になる。一月はいわゆる「アマンタ」法により、新月の夜に始まり新月の夜に終わる。これは北インドなどの「プルニマンタ」法で満月から満月を一月とするのと対照的で、南インドと共通している。また、一ヶ月は、満月までの「白分」と後半の「黒分」との二つの部分に分かれ、儀礼はおもに白分に行われることが多い。さらにひと月のうち、新月・満月・半月の計四回が仏教の聖日「布薩日(ポーヤ)」にあてられる。とくに満月の布薩日は国民の休日に指定されており、この日は多くの信者が仏教寺院を訪れる。このように布薩日は原則として仕事をしてはならないといわれるが、現在では満月の布薩日のみ休日で、ほかには新月の日に仕事をしない人があるだけである。

ウダラタ社会の一年の周期には、太陽暦と

太陰暦、仏教とヒンドゥー教などが複雑に絡み合っている。太陰暦では一年が十二ヶ月から成り、何年かに一度閏月が入る。注目されるのは、それぞれの月が仏教的意義を担っていることである。中で重要なのは、釈尊佛陀の生誕・成道・入滅に因んだ「ウェサック」（四・五月）、仏教がスリランカに伝来したとされる「ポソン」（五・六月）である。一方「アサラ」（七・八月）は祭礼シーズンであり、仏教的な意味づけが行われてはいるが、この月の重要な行事である「ペラヘラ」はヒンドゥー教のウィシュヌを記念した祭礼に因んでいる。さらに「新年」は、シンハラ、タミルとも南インドにも共通する四月十三・四日に祝っている。これは星座の中の太陽の動きを基準にした「黄道十二宮」を規準に、太陽が双魚宮から白羊宮に入る時である。正月はシンハラ月「バク」にあたるのがふつうであるが、相互の対応関係はない。

分散する権力構造

村落としてのワルガンパーヤには、政府任命の村長、社会福祉官、耕作官、農村開発官、公衆衛生指導官、協同組合監督官、などの役職がおかれていた。「村長」は、シンハラ語では「村の世話役」というような意味で、政治的権威とはいいがたい。おもな職務は、ＩＤカードの交付、選挙人名簿の作成などが中心で、ときに紛争を警察などに持ち込む仲介役になるが、紛争を積極的に処理するわけではない。ワルガンパーヤでは、一九八四年までは実家は村内にあるが現住所は村外にある二十代の若者が村長職にあり、それ以後は、村外出身で五ヶ村をかけもっている村長が任ぜられていた。

一方、伝統的な村落自治は、「村会」の組織によって維持されていた。この村会組織は歴史的に古く遡ることができるが、英領時代以後はこれが再編され、「村落委員会」（一九二四創設）、「村落会議」（一九六一）をへて、一九七八年から「農村会議」（一九七八）が組織された。この組織は、伝統的な村落自治組織をうけついでいるだけに、村落統合においてもっとも重要な意義をもっていた。ワルガンパーヤ村落には、ワルガンパーヤ村会とバッジョダ村会の二つあり、ワハラクゴダ・ムラの住人はワルガンパーヤに入っていた。ワルガンパーヤ村会の議長は戦後三十年あまりひとりの有力者が占めてきたが、いまもって「議長様」として尊敬を集めていた。

一方「農村開発会議」は、一九七〇年代より政府主導のもとさかんに結成されるようになったものである。その淵源は一九三〇年代に遡るが、とくに独立以後重要性をましてきた。とりわけ一九七〇年代から急激に数が増し、一九七七年よりさらに活性化と再組織が推進された。当村においても一九七七年よりその活動がはじまった。現在までその議長は一九八五年当時二十代の青年実力者が就任していた。なお、この会議には村長は参画していない。

司法面においては、これもかつてはほぼ郡内の三区分単位で「村会審判所」がおかれ、公開で審判が行われていた。しかし、一九五八年に村落調停委員会が発足して、その権限が委譲され、これによって、村落の自治的な司法組織は事実上消滅した。一九七七年にはこの調停委員会自体も機能を停止し、これ以後の紛争処理は、初級裁判所、治安判事裁判所に直接もちこまれることになった。

その上に高等裁判所、上訴裁判所、最高裁判所がある。裁判所にもちこまれる紛争は、土地の境界をめぐるものが多く、村内でも日常的に何件かの裁判沙汰が起こっていた。わたしの家主も隣との境界争いに巻きこまれていた。

以上のような、国家的・公的な村落統合装置はさほど機能しておらず、権力構造は分散傾向にあった。そのため、村落に関する基礎資料を集めるときには困難がつきまとった。村長からは選挙人名簿を入手した。農村開発会議議長からは、世帯調査票をコピーしてもいいといわれていたが、結局実物を拝むことはなかった。こうした行政の分裂に対して、村落統合に対してかなり積極的に作用していたのが、「葬式組」と「仏教寺院」である。両者は、特定個人が、ある土地・ムラに生まれ、そしてその生涯を終えるという人生の重大局面を支配している。両者はたがいに緊密に関連しており、村落の統合の中枢をなすという意味では、国家的機構より重要な役割を果たしていた。途中一時的に故郷を離れていても、最後は生まれ育った土地・ムラに帰るというのが人びとの願いである。人は「死」をめぐる社会関係によって、村落への帰属意識を確認していたのである。

「葬式組」はワルガンパーヤ・ムラを中心単位としているが、若干周辺のムラの成員を含んでいて、組の境界は村落の境界と若干ズレていた。これは個人と寺院との日常的な関係によるもので、家と寺院との物理的距離や寺院の住職との個人的関係などが働いていた。ワルガンパーヤ村落では、若干のズレを含みながらも、大きくワルガンパーヤの組とワハラクゴダ＝バッジョダの組に別れていた。一九八五年当時、組員は毎月五ルピーの会費を納めるかわりに、葬式の際に一時金五百ルピーと人的援助をうけられた。

葬式組への加入率は、ワルガンパーヤ・ムラでは全二三六戸に対して一四六戸、六十一・九パーセントにあたる。非加入者は、組の援助を必要としない富裕層と、毎月の会費が支払えない貧困層、それに若干組そのものの理念に反対している人びとである。組の総会は原則として毎月一回行われる。ここでは組の運営についての会合の他に、ムラ一般の事業についての相談も行われる。この意味で、葬式組がかつての村会の代行機関のような役割を果たしていた。ただ、総会の真の呼び物は、会議のあとで行われる無尽（抽選会）である。当たった組員は少しまとまった現金が手に入るので皆真剣であった。

葬式組は、村落出身者の「死」をめぐって一時的・疑似的な村落統合をもたらすが、そこに仏教寺院が深く関わっている点に意義がある。葬式組の総会には、原則として村の住職が同席するし、また葬送儀礼そのものに仏教僧侶の臨席が不可欠である。つまり、「引導→埋葬→説経→供養」という一連の過程を通じて、村落寺院の住職と故人＝遺族とのつながりが強化される（三章第1節）。ウダラタ社会は仏教寺院を媒介として貴族層にその共同性を委ねてきた。このような制度はすでに一七〇〇年以上前に消滅してしまったが、その後のムラの共同性も、相変わらず仏教寺院を軸にしてゆるやかに温存されてきている。土地所有の面において仏教寺院はその経済基盤を失ってしまっているものの、精神的には未だにその支配力を失っていない。

歴史的村落の研究

同じ「ムラ」といっても、とくに高地シンハラ社会の村落は、ウダラタ王国時代の遺制を残していて、すぐれて歴史的村落である。その意味では、日本での農村調査のときとは別の困難と面白さを味わうことになった。もっとも違っているのは、当然といえば当然ながら、植民地時代の歴史資料があることと、カースト制が存在していることであった。カースト制が存在するということは、単に社会が分化しているというだけでなく、カーストごとに微妙な慣習の違いがあるという意味もある。そのため、村が一体である日本と比べると、村の中にもカーストの数だけ慣習の違いがあるという結果になる。こうした多様性そのものによる調査の難しさは想像以上であった。

まず、ウダラタ王国内の土地はすべて究極的に「王の所有」に帰する。王はこの意味で「大地の主」である。これについて十七世紀半ばにセイロン島で捕虜生活を送り、当時のこの島の事情について一書を著したイギリス人ロバート・ノックスは、「国土はすべて王のものであり、王は自分の土地を金銭ではなく役務のために貸与する。そして人民は王から貸与された土地の一部を享受し、地代のかわりに各自の役務につく。……それゆえいっさいの物事は費用を支払うことなく行われ、どの人も労力への支払を受けている」と述べている。

王に対して王国内の人民が負う役務《サーヴィス》はカーストごとに定められていて、とくにこれを「王役《ラージャカーリヤ》」制度という。土地とくに水田は究極的に王の「所有」に帰するが、実質的には「王役」を負う農民によってもっぱら使用されている。つまり「占有」されている。ウダラタ王国時代にはこのような王役制度を通じて、カーストごとの属性が決定されていたのである。そして、王国支配のもとでは、土地と役務と身分とが、不可分の一体をなすものとして、相続され譲渡されるのが常態であった。

こうした王権と強い関わりを持つカースト制については二章第3節で詳細に述べるが、調査地周辺においてカーストは総数「十三」あると認識されていた。ただその内容は個人によって見解のズレがあり、どちらかといえば「十三」という数そのものに意味があるように見える。調査村では、ゴイガマ、バッガマ、ベラワーが主なものであった。このうちゴイガマは人口も多いし、また地位も高い。

Ⅰ. ゴイガマ（ラダラ、ムダリ、パッティ、ワハル）―農民
Ⅱ. ナワンダンナ―金銀細工・鍛冶職
Ⅲ. ヘーナ―洗濯職、ワフンプラ―椰子蜜採り
Ⅳ. ベラワー―鼓手、パンナ―草刈り、バッガマ―駕籠かき
　　ウェッリ・ドゥラ―菩提樹守り、バダヘラ―壺作り
Ⅴ. キンナラ―マット織工、パリー―洗濯職、ガハラ・ベラワー―鼓手、
　　ロディ―物乞い

ウダラタ王国内の村落形態は、大きく「国領地」は、それ以外の「私領地」に分かれていた。国領地は王に直接役務を負う、領主のない直轄村落である。私領地はさらに（一）王領地（王の直轄地）、（二）首長領地（地方首長の保有地）、（三）主領地（貴族の保有地）、（四）村主領地（村長老の保有地）、（五）寺領地（寺院の保有地）、（六）社領地（神社の保有地）などに分かれていた。「王領地」がさらに、世俗の首長・高官などに譲渡されたものを「主領地」、寺院、神社に譲渡されたものをそれぞれ「寺領地」、「社領地」とよぶ。寺院の財産管理者は住職、神社の財産管理者は俗人（氏子）総代である。

ワルガンパーヤはかつての「寺領地」、ワハラクゴダは、元首相を輩出したバンダーラナーヤカ一族の「主領地」、そしてバッジョダは「首長領地」にあたり、とくにバッジョダの人びとはそれを大いに誇りにしていた。東北隣のムンワトゥゴダはウダラタ王国直轄の「十村」の一つでウダラタ王国滅亡時に王の許しを得て特別な地位を与えられたムスリムが居住している。同じく東隣のダントゥレは「寺領地」、さらにその東のドダンワラにはドダンワラ神社の「社領地」がある。

ワルガンパーヤ・ムラは、マハヌワラからのバスがとまる街道沿いの停留所を起点に、北に向かってわかれる郷道ぞいに展開している（地図2参照）。ムラのつきるところまで約半マイル（八百メートル）、コタガラ・コロニーの端までは一マイル（一・六キロ）ほどの道のりであろ。この間標高約五百メートルから六百メートルほどまでの登り坂がつづいている。調査は、ワラカーピティヤに宿をとり、本村を中心に行った。

「ワルガンパーヤ」の村名については、興味深い伝承がある。この村名の起りは、一般に古代アヌラーダプラ時代の王ワラガンバー（ワッタガーマニー一世、前一〇三、八九～七七）に結びつけられている。

むかしあるとき、ひとりの乞食がこの地にあった大きな屋敷にやってきた。乞食はたずさえてきた菩提樹の枝を地面にさし、面桶をおいて食事をつくって食べ、一夜をすごした。翌朝枝を抜こうとしたがどうしても抜けなくなっていた。乞食はあきらめてそのままどこかへいってしまった。屋敷の主はこの菩提樹を供養し、土地に僧院を建てて、自らはこの土地を去っていった。そのあとにワラガンバー王が来られて、建物を整備してあつく供養するとともに、村を寺院に寄進した。

ワラガンバー王は、はじめて仏教経典を筆写させたと伝えられる古代の王で、一度即位したものの、タミル人王におわれ、雌伏十数年ののち、ふたたびタミル王を倒して王位に復したとされる。「ワルガンパーヤ」とはこの王の名にちなんだ「ワラガンバーヤ」のなまったものだとされる。この話は、「王話」としてよく村の人びとに知られていて、調査中にもよく話してもらった。ただ、村の寺の住職によれば、このワラガンバー王が寄進したという話には誤解があり、じつはダンバデニヤ王朝のウィジャヤバーフ三世（一二三二～三六）が寄進の主だという。

「そこよりかれ（ウィジャヤバーフ）はスマナ峰（シリー・パーダ）に赴き、聖師（仏）の足跡を禮拜して、そののち王はガンガーシリの都に向ひたり。―王はかしこにヴァナッガーマパーサーダと名づくる精舎をつくらしめて、そののちそこにまた父王の名によりてアバヤラージャとよばるる房舎を建造させ、さらにかれはそれにさまざまなる種類の要品・（食）邑・田地そのほかを施したり」（小王統史八八：四八）。

ここにいうアバヤラージャ・ピリウェナが、ワルガンパーヤの寺院の正式名称にうけつがれている。また同様の記述が十三世紀の史書『供養譜』にもみられることから、ウィジャヤバーフの事蹟であることが裏づけられる。したがって、当村は、十三世紀ごろにウィジャヤバーフ二世によって寺院に寄進され、整備されたと考えるのが妥当で、ワラガンバー王とは直接関係はない。事実、「ワルガンパーヤ」とはワル（牛にやる牧草）・ガン（土地・ムラ）・パーヤ（住居）からきたのであろう、とする説もあった。

村の人びととの付き合いの中で、こうした虚実入り混じった「王話」はよく聞かされた。それはいずれも、日本の狂言に似た権力批判やくすぐりのたぐいであったり、よく知られている怪談めいた話など、ありとあらゆる小話が含まれていた。とくにアンダレーを主人公にした話（アンダレー・カターワ）には無数のヴァージョンがあった。アンダレーが、王様が大事にしていた蜜をなめてしまう話などは、狂言の「附子《ぶす》」そのままで、太郎冠者同様機知に富み、とんちをきかせて王

表3　ワルガンパーヤ村の概況

〈ワルガンパーヤ村落〉（1981年国勢調査）

	合計	男性	女性	
村落人口（人）	2,119	1,027	1,092	
労働人口	647	479	168	
就業者	461	385	76	
失業者	186	94	92	
農業従事者	136	118	18	
人口の変化				
（年）	1881	1901	1921	1981
（人）	222	216	369	2,119

〈ワルガンパーヤ・ムラ〉（1985年）

人口	1,235	（男635　女600）
世帯	236	（シンハラ199）（ムスリム 37）
面積	258.0（エーカー）	
水田	64.0	（61.3＝1878年）
園地	194.0	
畑地・居住地	121.0	
茶園	64.0	
その他	9.0	

様をやりこめていた。また、大雨の中車を運転していたら、白い衣装の女に呼び止められ降りていったら姿が消えていて、車のシートがびっしょり濡れていた、などというまさに八〇年代半ばに流行した口裂け女や、奄美地方のケンムン妖怪話のような物語もよく聞いた。

また、人びとの日常会話の中に、しばしば「ラジャシン大王」ということばも登場した。これは十九世紀ウダラタ王国の歴代ラージャシンハ王のことである。その中で十八世紀後半のキールティ・スリー・ラージャシンハ王が最も有名であるが、歴代の王は、〇〇・ラージャシンハ王をなのるのがふつうであった。ラジャシン大王は、今では特定の王をさすのではなく、集合的にウダラタ王国時代の王の尊称になっている。このことは、ウダラタ社会では王権がまだ象徴的な価値を残しており、尊敬を失っていないことを意味している。

3　コミュニケーション

現地の人びとと十分なコミュニケーションを図るためには、言語の習得が当然不可欠である。スリランカは多言語、多民族、多宗教国家であり、わたしが調査に入った社会は基本的にシンハラ語、シンハラ民族、仏教徒の社会、つまりシンハラ仏教徒社会である。スリランカにはほかに、タミル語を話すタミル・ヒンドゥー教徒、基本的にタミル語を話すが、シンハラも話すムスリム（ムーア人）、そして、母語がまちまちな改宗キリスト教徒が主な人びとで、ごく一部のムスリムはマレー語も話す。

アダルツ・オンリー

最初にお世話になったピーリスさんは洒落た人で、ことばを勉強するなら、子供のガールフレンドを作って教わるのが近道だと教えてくれた。もちろん、われわれ男子は相手が女子の方が学習意欲がわくのは否めないが、いずれにしても、子供に教わるというのは名案である。子供は、少しの違いを絶対に許してくれない。不正確だと何度も何度も言い直しをさせられる。ことばの習得は何度も繰り返して体で覚えるほか近道はないが、子供を相手にしていると、大人が面倒になって許してくれるところも容赦がないので、よい先生であることは間違いない。

そのために、日本人が最も不得意とする二種類のtやd、あるいはlとrなどの発音も区別できるようになった（後述）。この違いはタミル語にも共通しているので、あとあとまで役立っている。この区別ができるかどうかを知るには、シンハラ語を少し話せます、と言うと一目（一聴）瞭然である。ティカティカ、プルワンのティが正しければ、相手は何を言ってるの話せるじゃない、ということになって、話しがさらにはずむ。ちなみに、タミル語については、タミルと言ってもらうのが試金石である。このルの音が曲者だからである（後述）。

子供との付き合いが深まると、楽しい反面わずらわしいことも増えてくる。人類学的調査を参与観察だなどと呑気なことをいう人間がいるが、実感として、調査者は観察するのではなく、されるものである。子供たちは好奇心が強いので、ともかくどこからでもわれわれを「見に」来る。バスに乗っても、珍しい外国人を見て、目を丸くして凝視する子供の視線が痛い。居候をしている家の子どもは段々慣れてきて、いろいろ質問してくるだけでなく、そのうち友達を連れて来て部屋の中で走り回るようになる。さらには何かといたずらをして、支障が出るようになる。

子供による「調査」が一段落すると、今度はお母さんたちの調査が始まる。一体ここで何をしているのだろうという好奇心から、子供に負けず根掘り葉掘り尋ねてくる。母親は子供を隠れ蓑にして巧妙に近づいてくる。もちろん女性の関心は、結婚しているのか、子供は何人いるのかに集中する。というより、男女を問わない共通の関心事である。この結婚しているかいないのか、は非常にシビアで、未婚であるというのは、半人前扱いされ、調査にも限界がある。わたしの教え子の女性研究者が独身時代にインドでやはり同じ問題にぶつかって、ひどく悩んでいた例もある。さらに、子供がないというのも、夫婦にとって問題で、子供の作り方をそれこそ微に入り細に渡って教えられたこともある。

一方、とくに男性の関心はなんといってもお金である。一体給料をいくらもらっているのかを細かに尋ねられる。このときじっさいの金額をいえば、大金持ちとされて、いろいろ支障が出てくる。そのときは為替レートを使って煙にまいていた。一ルピーはいくらかと聞かれて、十円だ、と答える。給料はいくらかと聞かれて、二十万円だったとしよう。換算すると二万ルピーだという。みんな高給に驚く。いや、でも一ルピーは十円だから、十分の一なんだよ、とわけの分からない説明をして、ふーん、そうか、と何とはなしに納得してもらっていた。いまは、一ルピー一円に近くなので、この手は使えなくなっている。若い研究者はどうしているのだろうか。

ともかく、子供は、鍵を締めようが、ロープを張ろうがどこからともなく入ってくる。まして、中央高地で居候していた家は、学校の隣にあった。学校の引け時になると、部屋はそれこそ阿鼻叫喚の騒ぎになった。どうしようもなくなって一計を案じ、部屋の前に、子供の入室お断り、と張り紙をした。そこで使ったのは、映画館の案内によくある「アダルツ・オンリー」（成人指定）のシンハラ語版「ウェディヒティヤンタ・パマナイ」であった。この手はその後のインドでの調査時にも使ったが、そのときの子供たちは、軍隊に行って消息不明になったり、キャリア女性となって結婚してバリバリ働いていたりする。まことに時の移ろいを感じずにはいられない。

ごあいさつともうたくさん

知らないことばを話す第一歩は、ごあいさつである。まずは「こんにちは」、「さようなら」から始めるが、シンハラ語ではどちらも「アーユ・ボーワン」でわかる。もう少し正統的なことばとしては、スバ・ウダサナク・ウェワー（おはようございます）、スバ・サンディヤーワク・ウェワー（こんばんわ）、スバ・ラートリヤク・ウェワー（おやすみなさい）などがある。アーユ・ボーワンはあいさつでは万能であり、エア・ランカーの機内誌のタイトルにもなっている。さしずめ、タイ語のサワスデーといったところであるが、村での日常語かといえばそうでもない。

じっさいのごあいさつは、場面によってまったく違ってくることに気づくのはしばらくたってからである。そうなると、先ほどのような正しいあいさつはほとんど冗談で言い合うことになる。じっさい、「おはようございます」は、ビーワダ（飲んだ?）。「こんにちは」は、キャーワダ（食べた?）。これは、朝は軽食なのでお茶飲んだ?、昼はたっぷり食べた?、ということだ。バス停の方に歩いていくと、コヘダ（あるいはコハータダ）・ヤンネー（どこ（まで）行くの）、バスを降りてくるとコヘダ・ギエ（どこいってきたの）、久しぶりに会うと、カワッダ・アーウェ（いつきたの）。考えてみれば、どれも疑問形である。

そして、いつ来たの、と聞かれて、三日前などと正直に答えるのは野暮。イーエ・アーワ（昨日来た）といえばそれでおしまいである。だから、いつ行くの、と聞かれたら「明日」（ヘタ）とこたえるのが正解である。要するにみんないつ来たか知っているか、興味がないかのどちらかだからである。そして、さようなら、はギヒン・エンナン（行って・きます）あるいは略してエンナン。不思議なことに、タミル語では「どこいくの」と聞くのは縁起が悪いといわれた。ただ、さようならはシンハラと同様に、行ってきます、ポーユットゥ・ワレン（ワレン）という。似ているようで、微妙に違っている。

ただ、じっさい真っ先に覚えなければならないのは、「もうたくさん」（シンハラ語でエティ、タミル語はポードゥン、ちなみにヒンディー語はバス）かもしれない。ともかく現地では食べ物や飲み物をこれでもかとすすめられる。客人に足りないと思わせるのは末代までの恥である。だから生半可な断り方では決して許してはくれない。マハヌワラのティッサ・ウィジェーラトナ氏宅では毎朝食事戦争が繰り返された。ティッサ氏は朝食を十分食べておけば、昼食はあまり食べなくてもいいという主義で、朝からごはんをココナツ・オイルで固めたキリバットなどをいくつも食べていた。われわれにもすすめるのだが、そのときにもうたくさんと言いながら、皿を引いておかわりを乗せられないようにする。それも真剣に断らないと許してもらえなかった。日本人はこのような時に、相手が気を悪くするのではないかとあまりひどい剣幕で断らないが、それでは許してもらえないことを学んだ。それはインドに行ってからも通用する原則だった。だから、毅然として言う『もうたくさ

写真10　刈り取った稲は脱穀場に運ばれて、水牛を使って脱穀する。このとき後ろについているのは糞取りの青年である。脱穀場の近くには見張り小屋が設けられ、盗難を警戒する。そこは一種の青年宿の役割を果たす。(1985年)

ん」が必須のことばなのである。

さらに、観光地などに行ったときに覚えるのは、「いらない」である。シンハラ語はエパだが、もうたくさん、の意味のエティやポードゥン（タミル語）なども使う。空港に降り立った旅行者が初めて接するのはなにかを買わせようとする人たちだからである。とくに子供はしつこくやってくるが、これも日本人の人がいいのを心得ている。コロンボの下町の路傍の露店などでは、飛行機の中で配られたトランプや飛行機の模型など子供目当てのお土産類が堂々と売られている。それを子供がしつこく売りにやってくる。ここでも真剣に毅然とお断りする。だんだん土地に馴染んでくると、相手は生きるのに真剣なのだから、むしろ毅然と断るのが礼儀だと考えるようになる。物乞いに対しても、かわいそうとか同情とかいうものはむしろ失礼に当たる。それからは仕事としてやっていることに敬意を表しながら、心をひくものがあるかどうかで、あげるあげないを決めるようになった。

雨と蜜

シンハラ語には文語と口語の区別がある。文語は主語の格の違いに対応して動詞が複雑に変化する。逆に動詞を見れば主語が落ちてもわかる。また、地方による違いは少なく、中央高地で動詞の語尾がタ（t）、西海岸でダ（d）、南部でナ（n）になるのが大きなものだ。そのほかに脱穀場用語とけんか用語という少し危険な特殊用語がある。脱穀は牛にやらせるのだが、その時牛の糞が落ちないように見張っていて受ける糞拾いの男の子がいる。そこは独特の場所であり、微妙に特殊なことばがつかわれる。脱穀が済んだ米を盗まれないように、脱穀場に何人かが泊まり掛けで見張りをするが、その時年長の男性が若者にいろいろと知識を伝授する。もちろん、その中心になるのは性的な知識である。脱穀という行為そのものに象徴論的には特別な意味があるが、現実にもその場が重要な教育の機会になっている。

けんか用語は相手を罵るためのことばだが、もちろんその訳をこのような場所で書くことが憚られるような下品な性的な内容が多いし、正直わたしは堪能ではない。これはほかの言語でも共通するところがあるようだが、pとhが頭につくことばはとくに危険な匂いがする。シンハラ語はpが男性系、hが女性系だ。少しだけその片鱗をご紹介すると、けんか用語で、お袋さんとナョメチョメ、というのがあるが、チョメチョメの語頭はhである。hは全体に危険で、とくに日本語で「雨が○○た」というと誤解を招く恐れがあって非常に危ない。
その一方で、シンハラ語の蜜はp系で甘く危ない匂いがある。このことばも一つ間違えるとヤバいのだが、ここでの母音はæの音、つまりアメリカ人が得意でイギリス人が不得意なあれだ。そして、ここからが笑えないところで、タミル人はこの音を発音できない。で、一体蜜なら蜜、○○なら○○、と問い返すタミル・ジョークができる。こうした知識は、ピーリスさんに教わったり、また寄宿していた家のご主人が、土地をめぐる争いで家を襲ってきた若者にまくしたてていたのを聞いて学んだ。シンハラ語はかなり分かるようになっていたのだが、この時のけんか語はひとことも聞き取れず、唯一お袋と○○だけが、あとで聞いて分かった次第である。いまでも、このことばは恥ずかしくて声に出せない。胸の奥にあるだけである。

シンハラ・イデオロギー

シンハラ語はスリランカで七割以上の人びとが話すことばであるが、タミル語とともに公用語に指定されている。また、英語が連結語（二言語をつなぐ言語）として公認されている。皮肉なことにインドでも植民地支配の遺産として排斥される英語が、エリートの間では共通語になっている。反面、南アジア由来の言語を共通語にしようとすると、必ず少数派の反撥を食らって実現していないのが現状である。それはまた時代が進むとともに、ますます深刻化しているように見える。世界の

シンハラ語、タミル語、英語による「スリランカ」の表記

ශ්‍රී ලංකාව　　இலங்கை　　Sri Lanka

グローバル化は、こうしたローカリズムを一掃するかのごとき楽観的な見方もされたが、現実は反対の方向に動いている。

シンハラ語は、言語学的にはインド・ヨーロッパ語族インド・イラン語派インド語派に属し、ドラーヴィダ語族に属するタミル語とは系統が違うとされる。シンハラは、「獅子の島ランカー」から変化したことばである。建国神話によれば、建国の王ウィジャヤ王子は、獅子と王女の双子の兄妹から生まれたとされる。ランカー島はまず釈尊仏陀がインドからやって来て、鬼・夜叉を征服した。ウィジャヤは仏陀入滅年に建国を果たしたが、この年は同時にシンハラ民族発祥年でもある。現在では前四八三年説が定着している。

シンハラ語はサンスクリット、ヒンディーなどと同様、母音と子音を組み合わせて文字を形成する。シンハラ語字母は母音十八文字（常用は十四）、子音三十六文字から成っていて、配列は五十音表に準じている。このうち、仏教用語パーリ語、サンスクリット語から借用した気音文字などが仏教用語にあるのが一つの特徴で、バにも息を出す出さない（ba／bha）の区別がある。それと、インドのことばに共通して、tとṭ（あるいはthとt）、dとḍ、rとlなどの区別がはっきりしている。一方、タミル語は清音、濁音を同じ文字で表記し、場合によってひとつの文字でもいろいろに発音される（k／g／hやch／j／sなど）。また語頭に濁音がこないことが、最初に述べたような、

タミル人を選別したり、差別したりする根拠になっていた。

日本人がもっとも困難を感ずるのはt行やd行の区別である。tは舌先を歯で少し噛むようにして発音するtで、比較的容易に発音できる。英語のトゥリーのトゥのときの口を思い出してほしい。ややこしいことに、一般にはthで表記するが、これは南アジア系の言語に共通している。そのため、南アジアで英語のthは、日本人のようにさ行ではなく、明確にた行で発音される。三千はスリー・サウザンドではなく、トゥリー・タウサントである。一方、ṭは少し発音しにくく、下で上の口蓋をはじいて音を出す。うっかりしているとrと紛らわしいこともある。こちらは一般にtで表記するので、tokyoのtは発音としてはṭになるし、杉本のtもṭである。ただ、じっさいの発音はtのほうが近いので、シンハラ流に表記すればThokyoのほうが近い。ウダラタ地方では、語尾にこのṭを多用する。「おいで」は西海岸では「エンダ」、南海岸では「エンナ」であるが、ウダラタでは「エンタ」である。方言といえるほどの大きな地方差ではないが、語尾にこのような地方差がある。ほかにも数詞などに微妙な違いがある。さらに、仏教用語パーリ語系統の気音を加えると、実はt行も四種類あるのだ。ともかく複雑なことおびただしい。

このティー音をまなぶのに、友人がタバコをすうときにしばしば使っていた「火をちょっと貸して」という意味の「ギンダラ・ポッダック・デンタ」が役に立った。ポッダックのダはḍ、デンタのデはd、タはṭだからである。ためしに発音していただければお分かりになるが、舌が前へいったり後ろにいったり、かなり面倒である。これを友人と一緒に早口ことばのように練習して、ティー音に関しては自信ができた。あるとき、銀行で両替をしようとしていたとき、窓口で書類にサインを求められた。手元にボールペンがなかったので、ペーナ・ポッダック・デンタと頼んでみた。横にならんでいた年配のおじさんが「すごい、完璧」と英語でつぶやいた。そして、シンハラ・ティカ・ティカ・プルワン（シンハラ語が少ーしできます）といったら、握手を求められた。当然ティカ・ティカのティーはt音である。

シンハラ語に関してもう一つ問題なのは、ローマ字化の結果じっさいの発音と大きく食い違っている場合があることである。世界初の女性首相として有名だった人はバンダラナイケ、前の大統領はラジャパクセ、などと表記されるが、じっさいはバンダーラナーヤカ、ラージャパクサである。西欧のメディアはとくにこうした実態と離れた発音でも平気で通すので、これが日本でも定着している。シンハラ語の「ア」にあたるのは二種類ある。ひとつははっきりと口を開けて発音する「ア」で、発音記号はa、それと語末などにくる「ア」は弱く発音するのでə、アとウとオの中間のような音になる。これを区別するために、前者をa、後者をeでローマ字表記した。シンハラ人はじっさいの発音を知っているので、eをエとは発音しない。これの最たるものは、Wickremasinghe だ。どう発音するのか。ウィクラマシンハである。有名な人類学者 Obesekere は、オベーセーカラ。そして、首都名はスリー・ジャヤワルダナプラ・コーッテが正解。どうして最後の e がエなのかはもうお分かりであろう。dene と kotte の違いだ。ローマ字至上主義はこのように危険である。問題はローマ字圏の人びとに現地語に対する敬意がないことである。

一方、タミル語にはら行に当たる音がいくつもある。英語とほぼ共通のlとr、少し強く発音するḷとṛ、さらにまぎらわしいのは、ふつうzhで表記するlとjの混ざったような音、そして、trで表記する音と六種類ある勘定になる。なかでも、zhはタミルの「ル」にあたる音で、タミル語をtamizhと表記することもある。ただし、現在タミルナードゥ州のタミル語話者でも、この音を正確に使える人は少なくなっているようだ。そして、スリランカにわたったタミル人、つまり北部、東部に早くから住むいわゆるセイロン・タミルの方にこの正確な発音が残っているという。ここで、周辺地域に中心では失われた伝統が残るという言語周圏説が現実となっているのである。

シンハラ語は言語学的に系統がよくわかっていないが、シンハラ・ナショナリズムの動きをうけて、言語学者、考古学者、歴史学者らが挙げてインド・ヨーロッパ語族説の証明に躍起となった。とくにシンハラ語がインド・アーリヤ語族（インド・ヨーロッパ語族）に属することの説明を営々と続け、さらに、仏典の地名を北インドや東インドに結びつけることによって、仏教徒・シンハラ語・シンハラ民族を三位一体のものとして、インド・アーリヤに帰属させようとする「アーリヤ神話」が展開された。こうしたシンハラ、アーリヤ説の決定版となったのが、一九六〇年に出版された『セイロン大学セイロン史』第一巻であった。その中心人物はセナーラット・パラナーウィタナであり、自身この巻の冒頭に「アーリヤ住民―シンハラ人」を執筆して、さまざまな面からの研究がとりまとめられた。言語研究とはかくもナショナリズムと深く結びついている。

葬式写真家

研究者として論文が公刊され、原稿料をいただくというのは誰しも感慨深いものである。わたしが最初に原稿料をいただいたのは、博士課程在学中に、『季刊民族学』に掲載された葬式に関する文章であった（「開かれた」葬式―スリランカ中央高地の葬送儀礼」『季刊民族学』三〇号、四四―五〇、一九八四年）。タイトルにあるように、スリランカのシンハラ仏教社会について、最初に強烈な印象をうけたのは葬式に関わることであった。それは後に調査を行ったタミル社会と著しい対照をなしている。

はじめてある地域に人類学的調査に入ったとき、結婚式や葬式など人が多く集まる機会に参加して、人びとに広く認知してもらえるようふるまうことが多い。わたしの場合も、こうした機会をさがしていたのだが、村で生活をしていて、ひんぱんにおめにかかったのが、人の死にまつわる葬式や法事のたぐいであった。そこで、参加者などの写真を撮り、それを配りながら、そこに写っている人がどういう人かを聞いていくというのがよく使った戦略である。これはディジタル時代になった今でも、人びととの交流の有効な手だてである。

当時のカメラは、シャッタースピードも露出も手動の時代であった。わたしはミノルタを好み、緑のロッコールとよばれたレンズを持ち歩いていた。調査では、記録用の一眼レフと、スナップ用のコンパクト・カメラを使い分けていた。とくに一眼レフは、二十八ミリと八十ミリの二本のレンズを持ち歩いた。その後軽いレンズが出てきたので、二十八から八十五ミリのズームを常用してい

写真11　ベララパナータラ周辺の南部農村で行なわれた葬式。埋葬場にやぐらが組まれ個人の写真などが飾られる。遺体のそばに付き添うのは、遺族を除けば男性のみで、村の女性は埋葬場までは同道しない。（1982年）

た。ともかくこのころの調査では、カメラとレンズ、そしてフィルムが荷物の大半を占めていた。印刷のことを考えてネガフィルムではなく、スライド用のエクタクロームかコダクロームを使っていたが、今その画像をデジタル化して保存している。三十年も経つと劣化が激しく、デジタル化すれば立体感がなくなる。そのころこだわった画質やシャープさなど、既に遠い昔の話になってしまった。

ワルガンパーヤで最初にお葬式に参列したのは、仏教寺院の隣の家のものであった。このとき驚かされたのは、埋葬までの間遺体を広く公開し、村の人びとは一家に一人はかならずお詣りしなければならないことであった。それも、ときに遺体の周囲を豆電球などではでに飾り、われわれのようなよそ者までも歓迎する、まさに開かれた葬式であった。この日もちょうど村の寺を訪れて、得度してまもない少年僧侶と世間話をしていたときに、いま葬式があるといわれ、「今日が、きれいだから見に行こうよ」と、さかんに誘いをうけた。葬式に「きれい」（シンハラ語でラッサナイ）というのもおかしい坊さんだと思いながら、あとについていった。お葬式は盛大なもので、家には村の内外から集まった多くの人が出入りしており、大声で泣き叫んでいる女性たちにあいさつしたのち、豆電球などで飾られた遺体を拝んでいた。それを見て、この僧侶がきれいといった意味がよく分かった。

このあとも、葬式と聞くと村の内外を問わず出かけて行った。そして、しだいに村の葬式写真家のような立場になった。とくに結婚式とお葬式の研究は、社会人類学の調査で人びとの人間関係・親族関係を知るうえでも重要な機会なので、なるべくチャンスを逃さないようにしていた。われわれの常識からはお葬式のときに、バチバチ遺体の写真を撮るというのは気がひけるものであるが、調査の必要上関係者の許可をもらって写真撮影もして、できた写真を関係者に配っていた。そのようなことを繰り返しているうちに、周囲はわたしが葬式の写真を撮りに来ている人だと誤解しはじめたようで、こちらがいわなくとも、お葬式などの情報が入ってくるようになった。それも、村から遠く離れた親戚の葬式にまでよばれるようになった。こうした過程のなかで、葬式組の重要さに気づき、調査が必要だと思うようになったのである。

第二章　生活のリアリティ

1　カレーとサリーの国

調査者といえど生活者であり、まずは人びとの衣食住のシステムのなかで仕事が始まる。調査ではまずこうした人びとの生活のリアリティを追求していくのだが、調査が進むに従って、基本的な生活様式は、独立したものではなく、すぐれて社会・経済的、政治的・イデオロギー的意味を持っていることがわかってくる。毎日の生活は、朝起きて紅茶を飲み、朝食を食べ、服を着て外出し、昼食を食べ、仕事をし、夕食を食べて寝る、の繰り返しである。それはあくまでも日常の周期なのであるが、その一方で、外部者には見えないような隠れた、しかし強固な文化的意味がまとわりついている。現地調査でまっさきに触れるのが、こうした日常生活に埋め込まれている文化的意味であり、さらにはイデオロギーである。それはたとえば、身体を清める沐浴からも始まっている。

わたしが下宿していた家には、ベンガル人の男性が一緒に暮らしていた。よくいわれるベンガル人は沐浴と食事が大好きだ、というイメージそのままの人物だった。ともかく、食材を買ってくると、その料理法について奥さんに事細かく指示を与えていたし、また午前と夕方には必ず一時間以

写真12　村の水浴場で水を浴びる女性。村には何ヶ所か水浴場がある。女性も公然と水浴びをしているが、もちろん覗き趣味はご法度である。水浴び用のサリーは一見きわどいが決してずり落ちることはない。(1983年)

上シャワーを浴びていた。村で暮らしていると、トイレとシャワーが大問題なのだが、幸い水の豊富な中央高地では、水に不自由することはなかった。

問題は、水の少ない乾燥地帯に行ったときである。そうした地域の家には、申し訳程度にポンプがあるが、水を節約するために、シャワーはバケツ一杯で済ませなければならない。まず、バケツ三分の一ほどの量を大事に大事に使って体を濡らす、というより湿らす。そして、石鹸で全身を洗う。そのあと残った水で石鹸を洗い流す。あまり威勢よく使えないので、どうしても石鹸分が残り、よく拭かないと全身がかゆくてたまらなくなる。そのかゆみがたまらなくて、寒いときは何日もシャワーしないこともあった。それは村の人にはひどく不潔に見えたに違いない。

写真13　ふだん着の村の女性。真ん中の女性は一応サリーを着ていて、腰のあたりが独特のいわゆるオサーリエ・スタイルであるが、上半身はブラウスのみの変形である。（1983年）

わたしも、ピーリスさんの教えにしたがって、基本的に朝シャワーを浴びることにしていたが、中央高地の気候は水シャワーには少し寒く、省略することもあった。ただ、知り合いの僧侶の実家にいったときに、一緒に水浴びをしたのだが、このお坊さん曰く、最初は冷たくてもだんだん温かく感ずるようになるのだよ、とおっしゃる。じっさい何杯かかぶっていると体が火照ってくる。過保護の親に聞かせたいような、ありがたいおことばであった。逆に、現地の人からは、日本人が夜に入浴するのがとても珍しがられる。

サリーを着る

衣食足りて礼節を知るというが、「衣」は、たんに体を保護するだけでなく、さまざまな文化的意味がふくまれている。まず、スリランカの衣といえばインドと同様女性用の「サリー」を思い浮かべられるであろう。サリーは、基本的に長さ約六ヤード（五・四メートル）、幅一・二〜一・三メートルほどの、あくまでも一枚の布で、これをからだにまきつけて着用する女性用の衣装である。一般に十三〜十五歳くらいで初潮をむかえたときの「成女式」で、初めて親や親戚から贈られるのがふつうである。その意味で、サリーはあくまでも大人の女性の衣装だといってよい。

インドには地域などによって実に多くのサリーの着方があるが、スリランカには大きく二種類の方法がある。ひとつはオサーリエといわれる高地の女性に愛好されている着方であり、肩にかける部分がスカート部の下からでて細長いベルト状になっていて、腰のあたりに少しフレア状にして上に出すのが特徴である。この着方は実はスリランカ独自のものではなく、南インド、ケーララ州に同様の着方がある。これがスリランカと南インドとの関係を物語っている。もうひとつはインディアン・スタイルで、スカート部を覆うようにして下から上へ巻き上げ、肩にかける部分を後ろに垂らす。インドで言うニヴィという標準的な着方である。またムスリムは頭に布のはしをかける独特のスタイルをとる。

一般に高地の女性はオサーリエ、コロンボの女性はインド風、低地の女性はサリーなしのジャケットと腰まきのみというのが平均的なスタイルであった。サリーがスリランカで一般に着られるようになったのは二十世紀に入ってからのことで、インドと同様、反英民族主義を鼓舞するために奨励されて以来のことである。それ以前はとくに農村部ではほとんどジャケットと腰まきが一般的

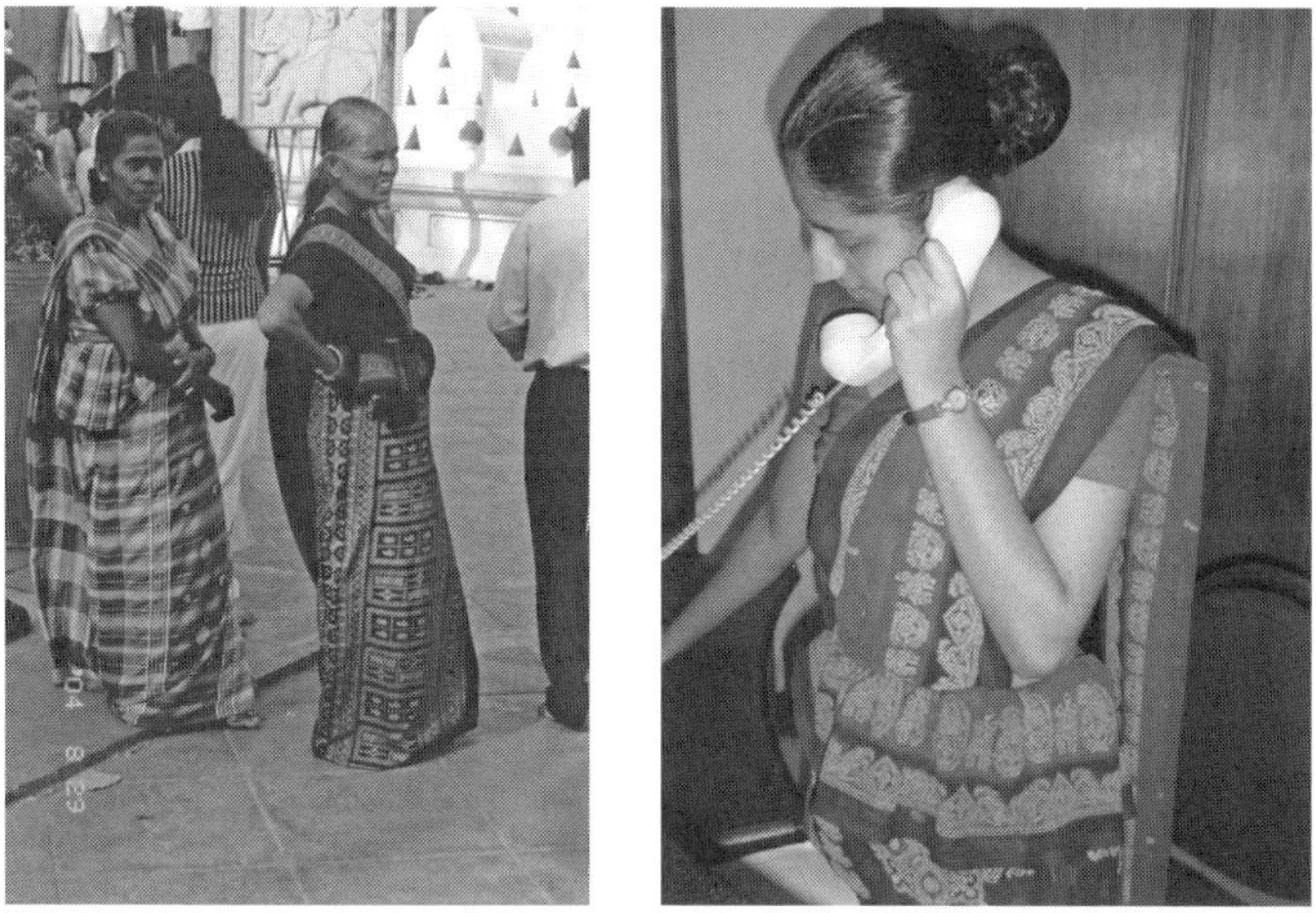

写真14（上）　オサーリエは、高地シンハラ社会の比較的保守的な女性に好まれる着方で、インド・スタイルは新しもの好きのスタイルだと思われている。(2004年)

写真15（下）　スリランカはインドよりもファッションの西欧化が早く、とくにスカートをはく女性が多くみられる。(2004年)

であった。インドでは逆に、農村ではサリーは着けるものの下着を着けず、サリーの端で胸を簡単に覆っているだけの女性も見受けられる。ともかく、スリランカでは、外出時以外はサリーをつけないことのほうが多くなった。

経済自由化の後とくに一九八〇年代末から外国との交流が増えると、サリー離れが急速に進んだ。もちろん日本の着物のように、盛装としては残っているが、町中でサリー姿をみることの方が珍しくなっている。こうした変化はインドより数段早く進み、また女性の服装はシャツにスカートという方向に変化した。インドでも同じようにサリー離れが起こっているが、ムスリムの衣装であったシャルワール・カミーズ（パンジャービ・ドレス）へいくか、パンツかジーンズにはいくものの、スカート姿への変化は目立たなかった。

スリランカでサリー離れが進んだのは、サリー生産が国内では行われていないことも働いている。スリランカで売られているサリーは、ほとんどがインドからの輸入品である。それも、タミルナードゥ州のサリーを代表するカーンチープラム産の手織りサリーは少なく、ケーララ州のマイソール・サリーや綿や化繊のサリーが多く見られる。インド本土の高級品を好むのは、ごく一部の富裕層などに限られるようである。また、サリーだけでなく、その他のファッションも、インドのデザイナーのものが輸入されている例が多く、まだまだスリランカ国産のファッションは定着していないようである。コロンボにはいくつか新しいショッピング・モールなどがオープンしているが、ことファッションに関しては、独自のものを打ち出すまでには至っていないようで、インドのレベルには達していない。

男性の衣装は農村部ではサラマ（サロン）が多く、都市部などではズボンをはいている者が多く見うけられる。一般にズボンをはく人（カリサン・カーラヤ）というのは英語を話すことのできる西欧化、近代化されたエリートを意味していた。逆にサラマをはいているのは比較的貧しい教育水準も低い人びとである。上半身も、かつては下層の職人カーストは裸でいなければならず、上層にのみシャツなどの着用が許されていたという。頭髪さえも、かつては男女をとわず長髪がふつうであり、髪を切るのは仏教僧侶と西欧かぶれの人だけであったといわれるが、現在では散髪に行かない人を探すほうが難しい。

あるインドの衛星放送のクイズ形式のバラエティーで、タミル人の特徴は、口髭を生やしている、マザコンである、そしてルンギー（腰まき）を着けている、ことだと揶揄されていた。いずれもタミル映画史上空前絶後の大スターM・G・ラーマチャンドラン（通称MGR）の映画を題材にとっていたが、まさにいい得て妙であった。このタミル人が好むルンギーは、スリランカで言えばサラマのことで、田舎者のシンボルとされていた。タミル人は別名マドラーシとよばれ、北インドの人びとからは少し低く見られているのである。

かくいうわたしはサラマ、ルンギーが大好きで、旅行には必ず持っていく。部屋の中でくつろぐには、簡単で涼しくて重宝する。また、旅に出たときに、野宿とまでいかずとも、床にごこ寝するときなどには、一枚もっているとシーツがわり、かけ布がわりになる。ホテルの部屋で裸同然でいても、さっと腰に巻いて来客に応対できる。いつもは窮屈なズボンに辟易しているので、余計に心地よいのであるが、最近、現地の人たちがズボン姿になって、サラマやルンギーでいるのはすこし居心地が悪くなっている。

お茶の時間

スリランカで最初に生活し始めた紅茶工場のオーナーのピーリス氏は、独学で日本語を学ばれてしかも流暢に話される方であった。この方は、昭和三〇年代に日本にやって来て、小学校の国語の授業に飛び入りで参加され、新聞でも紹介されたことがある。ピーリス氏は、日本がコロンボを空襲したときに、敵意をもつどころか、次の時代は日本だと確信して日本語を学ぼうとされたというのである。そうはいっても、その生活態度はスリランカの人そのものであった。とくに氏が紅茶工場のオーナーであったせいか、毎日実に几帳面に紅茶がでてきた。

スリランカでの紅茶生活は、まず起床直後のいわゆるベッ・ティーにはじまる。そして、午前十時、午後三時、夕方六時にもお茶の時間がある。スリランカの食事は基本的にごはんとカリー料理だが、食事のあとに紅茶を飲むのはあまり一般的でない。夕食は遅く、夜八時すぎに軽くすませるので、その前の夕方六時ごろにもお茶の時間がある。このペースは、のちに中央高地の農村でお世話になった家でもまったく同じであった。ただ、明け方早くに手洗いに起きたりすると、もう起きたかと錯覚したおばあさんが、まだ夜明け前なのに、お茶を持ってきてくれたのには辟易した。それを避けるために自室で簡易水筒に済ませたこともあったが、その後簡易水筒を見るとトイレに見えて使えなくなってしまった。

工場で飲ませていただいた紅茶は、当然ながら実においしかった。ピーリス氏によると、まず第一に気をつけるのが水である。つねに新しい水から沸かして入れなければ本当の味が出ないといわれた。スリランカの水は硬水なのだが、この水の質が紅茶の味に微妙に影響する。スリランカで飲んでいた紅茶を日本の水でいれると、おいしいことはおいしいのだが、なにかが微妙にちがうように感ずるのは、水の差が大きいようである。とくに都会のカルキくさい水では、たとえ高価な紅茶であっても、値段に見合った味をだすのは難しく、お金の無駄である。

京都の四条烏丸近くに、ムレスナというセイロン紅茶専門店がある。その名前に聞き覚えがあると思っていたら、本店はスリランカのマハヌワラだという。そういえば、二〇〇四年にマハヌワラを訪れたときに、お土産の紅茶を買ったのがその店だった。四条烏丸周辺にはほかにも本格的なセイロン紅茶をおいた専門店があり、高級品になると百グラム何千円という単位で売られている。ただ、世界的にみてセイロン紅茶は、ダージリンやアッサムなどの紅茶にくらべると、やや格おちの扱いをうけているようである。

スリランカで栽培されている紅茶は、政府直営の紅茶局などを通じて土産物として出回っているほかは、ほとんどがブルックボンドやリプトンなどイギリス資本の紅茶メーカーによって製品化され外国に送られる。スリランカの人びともよくお茶を飲む。家庭で日に何度となく飲むほかに、町じゅういたるところにちいさな茶店があって、人びとがお茶を飲みかつしゃべっている。また、長距離バスの旅では、二時間ぐらいおきにお茶とトイレの休憩が入る。タミルナードゥ州では、紅茶よりもコーヒーであるが、これも町中のそこら中に飲む場所がある。この当時は日本円にして五円か十円くらいのものであったが、最近では、数字上かなり高くなっている。

紅茶店では、BOP、OPなどといった紅茶の種類、等級の表示にお目にかかる。このPつまりペコー（ピーコー）はもともと最上の中国茶をさす英語であるが、現在はスリランカやインドの紅茶の種類をさすことばになっている。なかでOP（オレンジ・ペコー）が葉がもっとももながく、ついで、BOP（ブロークン・オレンジ・ペコー）、FBOP（フラワー・ブロークン・オレンジ・ペコー）などがあり、BOPF（BOPファニングス）、そしてダストへとしだいに葉が細かくなる。OPはとくにアラブ圏などへの輸出用が主であり、土産物としてはBOPが多い。葉っぱは少しくだいたほうが、香りなどがよいとされる。村の人が日常飲んでいるのはダストである。

スリランカの紅茶はどちらかといえばミルク・ティーむきで色、味、香りが強い。しかし、本当においしい紅茶は、どんなに濃くいれても苦味がまったくでない。スリランカには十年来通ったが、こうした最上の茶葉に出会えたのは一度だけである。紅茶を摘むタイミングは、葉が二枚とまんなかに若葉が出てきたときのいわゆる二枚半の状態がいいようであり、真ん中の若葉は白い茶葉になる。わたしのような素人が判断するには、この白い葉がどれだけ含まれているかを見るのが手っとり早い。ともかく、スリランカ調査には、山登りで使うアタック・ザックを持って行っていたが、行くときはほとんど現地の人びとへのお土産と、薬、フィルムなどで一杯で、帰るときは紅茶を詰めた。ピーリス氏のところでいただく紅茶は、半ポンドずつアルミ箔で包まれていて、それを十個、二十個と詰めて帰ったのである。

紅茶プランテーション

紅茶の栽培は、おもに山の斜面を利用して行なわれている。島の中南部では広大な山地を外国資本が買い取り、見わたすかぎり一面紅茶畑が広がっている。紅茶畑で栽培された茶葉は、労働者の手で積まれて紅茶工場に運ばれる。紅茶畑でも紅茶工場でも女性の労働者のすがたが目につく。また紅茶プランテーションでは、イギリスによって南インドから移住させられたタミル人のすがたも目立っている。この移住させられたタミル人労働者は長らく無国籍状態にあり、生活も困窮していた。こうしたいわゆるエステート・タミルについては、鈴木晋介氏（茨城キリスト教大学）が詳細な民族誌的研究書を上梓しておられる。ただし、ピーリスさんの畑でも工場でもタミル人のすがたはなかった。

スリランカの農業では、稲作とプランテーション農業が大きな柱である。スリランカの地形は、北部、東部、東南部の広い部分が乾燥した平野で、中南部が高地、そして西部、南部の海岸沿いにはせまい平野がある。このうち、平坦な部分ではおもに稲作が行なわれている。一方、高地では、イギリス植民地支配期以降、プランテーション農業が展開されている。高地でも、比較的平坦なところで稲作、斜面を中心にプランテーションが分布している。

スリランカのプランテーションでは、紅茶、ココヤシ、香辛料、ゴムの四大作物が中心である。プランテーション農業はいずれも、十九世紀に「世界の工場」として君臨した大英帝国の経済覇権のもとでもちこまれた。イギリスは、世界各地の植民地をイギリスむけの原料生産地として再編成したが、スリランカもその例外ではなかった。それはたんに生産構造を変化させただけでなく、人びとの生活そのものにも大きな変化を促すものであった。ここで述べた喫茶の習慣も植民地時代にスリランカにもちこまれたにすぎない。

イギリスは一八三〇年代に中央高地の斜面で、当初コーヒーの栽培を始めた。イギリスは一八一五年からスリランカ全土を支配したが、西欧的な土地所有観念のない人びとから合法的に土地を取得（収奪）し、未開墾地などもあわせて開発して、プランテーション農業を始めた。しかし、一八六・七〇年代に病害が蔓延し、また遅れて栽培が活発化したブラジル産、コロンビア産などのコーヒーにおされてコーヒー園を放棄した。その後、一八八〇年代にコーヒー園を驚くべきスピードで紅茶園に転換させたのである。

これに先立ち、イギリスでは紅茶のブームがおこっている。それはイギリスだけでなくヨーロッパ全体に広がっていた東洋ブーム（オリエンタリズム）の現れである。ヨーロッパの東洋熱は、紅茶だけでなく、スリランカの仏教文化、インドのヒンドゥー文化などのあらゆる面にわたる興味からくるものであった。はじめ中国茶のブームからおこった紅茶ブームは、イギリス人の生活のリズムをも変える結果となった。わたしがスリランカで経験した紅茶の習慣は、イギリスのお茶の習慣を持ち込んだものである。

カリー料理

村の人からお茶に招かれるのが親しくなる一歩だとすれば、家に食事にさそわれるのは、本格的に親しくなったあかしである。村の生活は決して豊かではないが、それでも親しくなったしるしに、なけなしの金をはたいて、ときには借金までして、もてなしてくれることもある。もちろん、招く側も日本人に食べさせた、というのは、気分の悪いことではない。ただ、最初に迷ったのは、日本的な遠慮をどこまでするかということであった。日本では家に食事に誘うというのはかなり大事で、口と腹とが全く食い違っている面倒な土地さえある。相手がどこまで本気かを探るのはかなり難しくて、日本でさえもいつも迷うところである。そこで、いったんともかく誘われたらオーケーする、という方針に決めることにした。お世辞で言っても真に受けるという評判が立てば、そのあとはそれなりに扱ってくれるだろう、としばらくは恥をしのんで言われるままに振る舞っていた。この方針は食事だけでなく、生活全般に貫いた方針であった。

スリランカの食といえばカリー料理である。カリーは、南アジアに広く普及しているが、インドやスリランカ以外の国で食べられるカレーとは異なっている。スリランカで「カリー」(マール)はもともと「おかず」一般の意味で用いられており、これはインドの「カリー」も同じである。つ

写真16　僧侶に振る舞われるカリー料理。ごはんのほかに、魚や野菜のカレーが何品かと、漬け物や干した魚なども付け合わせにつく。ふつうの家庭では、これほどの品数はなく、三品ほどである。(1983年)

まり、インドにおいてもスリランカにおいても「カリー」はおもに香辛料と油（スリランカではココナツ油）などで調理したおかずである。要するに日本で醤油、味噌を使うかわりに香辛料を使うと考えればよい。つけあわせとして干し魚や漬物、サラダなどがつくこともあるが、いずれにせよ料理にはなんらかのかたちで香辛料がベースとなっている。外国人の目にはそれらがすべて香辛料をもちいた特別の料理であると見えたため、香辛料（カリーパウダー）で味つけした料理の名称と理解された。このカレーはイギリス経由で世界に広まった料理である。

毎日カレーであきませんか、とよく聞かれるが、カリー料理はさまざまな材料を使っていて、味にも変化があるので、あきることはありませんと答える。とくに野菜は、日本と違って味がしっかりしているので、カリーにするとはるかにおいしい。インドの主食には、北西部では小麦のパン系、東部と南部とでは米のごはんという地域差があるが、スリランカではごはんが主食であり地域差はあまりみられない。カリーの味には地域差も大きいが、スリランカのカリーはココナツ・オイルを使うので、南西インド、ケーララ州のカリーによく似ている。そして、ともかく辛い。それも口先で辛いのではなく、あとから段々辛くなってくるので、油断ができない。一方、タミル社会では比較的スープ状のカリーがよく使われていて、かなり味の好みは違っている。幸い両方のカリーを味わってきたが、どちらもそれぞれ捨てがたく、優劣はつけられない。

シンハラ人は一日に二回ないし三回の食事をとるが、そのなかで昼の食事がもっとも重要である。朝食にはごはんを食べないのがふつうで、米の粉を練ってから円盤状にしたアッパ、ロティー、麺のようにしたイデイアッパ、小麦粉を球形にしたピットゥなどにカリー汁をつけて食べる。最近では調理に時間がかからないパン食も普及しつつあるが、これもカリーなどと一緒に食べる。旅に出たときなどは、ココナツの実を削ったものにスパイスを混ぜてパンにはさんで食べる。シンプルな食事に違いないが、これがおいしくて食が進む。

昼はごはんとカリーとを食べるが、むかしからこの昼食を食べることが人びとのもっとも重大な関心事であった。儀礼はよく徹夜になることが多いが、その時も、朝終わってじゃあさようならではなく、昼までやって昼食まで振る舞うのが礼儀である（三章第2、3節）。さらに、夜の食事は比較的軽くみられているようであり、朝晩ひえこむ高原地方などではからだをあたためてよく眠れるようにするために食べるといわれた。じっさい辛いカリーは寝つくまでおなかをぽかぽか温めてくれた。こうして見ると、最初にマハヌワラでお世話になったティッサ・ウィジェーラトナの朝食重視主義は、さまざまな意味で異例だということがわかる。

おかずの種類は平均二、三品で、来客があったときなどには五、六品にふえることがある。一般には野菜が主体で肉や魚はあまりとらない。これを宗教的な理由で菜食主義が徹底していると過剰に解する必要はない。菜食主義者でなくとも魚や肉があまり食卓にのぼらないのは、要するに新鮮なものが手に入りにくく、なによりも値段が高いからである。ナス、カボチャ、タマネギ、ニンジン、ウリ、マメ、ダイコン、ホウレンソウ、オクラ、など日本でみられる野菜あるいはそれに近いもののほかに、ジャックフルーツ、パンノキの実、ムルンガ、ダール豆などもふくめて野菜類は豊富で安価で手にはいる。

これにたいして、魚は新鮮なものは手に入らずしかも高価である。村にいるとときどき行商の魚屋さんがやってくるが、もう目が真っ赤になったような魚を暑い日差しのなか運んでくるわけだから、魚好きの日本人には耐えられないような代物ばかりであった。それはマハヌワラのマーケットでも同断であった。そして、肉に至ってはよほどの機会でなければおめにかかることはできない。インドでもスリランカでも、非菜食（ノン・ヴェジ）とはいっても、せいぜい週に一回か二回肉・魚を食べるにすぎない。そのほかは菜食なのであるから、欧米人のように毎日毎食肉を食べるような、ギラギラした下品な肉食と比べるのはある意味で失礼である。

ただ、ムスリムやキリスト教徒は肉や魚を比較的よく食べ、それを商っている者もムスリムが多い。こと殺生を生業とすることに関しては、シンハラ仏教徒あるいはタミル・ヒンドゥー教徒のあいだで、確かに宗教的倫理的忌避に基づく分業がシステム化されている。いずれも、動物の死骸を扱うのは穢れた仕事だと認識されている。ここから、キリスト教ミッションが初めて南アジアに入ったときに、肉を食べるキリスト教徒として他の人びとから忌避されて、なかなか布教が成功しなかった原因にもなっていた。

食と社会関係

インド、スリランカなどにおいては、食事は栄養を補給するだけ、腹をふくらませるだけの即物的意味だけでなく、社会的文化的脈絡において重要な意義を持っている。たかが食事、されど食事である。たとえば、運転手付きの車で旅をしている途中で、食堂に入って食事をとるとき、日本的な気づかいで、運転手に同じテーブルで食べようと誘ってもまず断られる。また親しい仲ではあっても、男女が一緒に食事をするにも気をつかわなければいけない。

食事を共にすると人びとはたがいに同等の「地位」にあるということの表現になる。異カースト同士は原則として食事を共にとることはなく、食物のやりとりも禁じられている。学校教育の中でさまざまな階層の子供が一緒に食事をすることも多くなってきたので、規制はしだいにゆるやかになってきてはいるが、なくなったわけではない。とくに結婚式のときには、両親族が会食をするのが重要な機会なのであるが、異カースト婚の場合にはとくに上位カーストの人びとが出席しないことさえある。外国人のわれわれはどうかといえば、あくまでもよそ者として中立なのであるが、次第に生活が長くなると、逗留している家の人びとと同等の扱いを受けることもある。

また、スリランカでは一般に男女の分業がはっきりとしており、人前で男女が睦みあうことは喜ばれないし、食事も夫婦別々にとる。男女が一緒に食事をとることは性的な関係を連想させる。たとえば、結婚式においてもっとも劇的なシーンは新郎新婦がたがいに「食べさせあう」ところであり、未婚の若者などがもっとも興奮する場面である。このように「食べる」ことと「性関係」とのあいだに類推関係が成立するところからも、人前で夫婦が一緒に食事をすることの卑猥さが理解されるであろう。もちろん西欧的な生活様式が一般化しつつあってこれもしだいにくずれてきているが、農村部などにはまだ色濃く残っている慣習である。

また、仏教僧侶に提供される食事も、さまざまな意味を持っている。仏教において、出家した仏教僧侶はみずから生産活動に従事することを禁じられている。かわりに在家信者から「托鉢」で食物をいただくのが原則であった。ただ、これはタイなどの諸国ではいまだに実行されているが、スリランカではあまり行われなくなってきている。スリランカでは信者が寺の僧侶に交替で食事を運ぶ。わたしの村では各家庭が二ヶ月に一回食事の当番に当たることになっていた。おばあさんは、カツレツ（コロッケ）が得意だったので、僧侶も楽しみにしていた。もともと、雨が激しくて托鉢に出られない時期に「雨安居」と称して食事を運ぶ習慣があったが、いまでは托鉢をやめて年中安居の生活になってしまっている。そして、人にものをねだってはいけないことになっている僧侶が、おばあさんにカツレツをねだっているのを見て、やぁい、坊主がおねだりしてらぁ、などと冗談を言い合ったものである。

僧侶への食事の提供は、宗教的には食物の「布施」であり、これに対して信者は僧侶を通じて釈尊仏陀の「功徳」を得ることができる。この「布施」は、第一義的には僧侶にではなく、釈尊仏陀に対して供えられると説明されている。寺院と僧侶は信者にとって『布施』という種をまいて功徳という収穫を得る「福田」なのである。このように、宗教者が生産活動に従事できないという考えかたは、仏教に特有なのではなく広くインド圏に共通するものであり、修行者出家者の物質的生活は宗教的返礼を期待する在家者生産者が支えている。ここに村落生活と寺院との相互依存関係が成立している。

禁酒を破る

スリランカもインドも酒には厳しい社会であった。一方日本では酒はコミュニケーションに欠かせない要素である。日本での調査においては、とくに男性との関係はともかく酒に始まり酒に終わるといってよいほどつきものである。院生時代に津軽地方で行った調査の際、七十歳近い男性の家にお邪魔したとき、朝は二時三時に起きて田畑を見回り、帰って来てから朝食をとるという話しであった。たまたま昼食をごちそうになる機会があったが、まず酒が出てきて驚いたものである。聞けば、朝一升昼一升夜一升は飲むのだと聞いて肝を潰した。一緒に行った院生仲間とともに飲み始めたが、次に気づいたのは夜の八時過ぎだった。件の男性は「昼食」のあと一仕事をして「夕食」を終えて休もうとしているところだった。われわれもどうやら一升酒を食らったようだが、そのあとまったく正体をなくしていた。ともかく日本では親しくなるために酒のつきあいが欠かせないのだが、南アジアでは事情が違っていた。日本では飲みかつ食べ、そして本音で話しをするのが酒の席であるが、彼の地では酒はただ酔うために飲むからである。ことに南インド、タミルナードゥ州は八〇年代までは禁酒州であった。

酒にいろいろな種類があるのはご承知だと思うが、村でよく飲まれているのは、糖分の多いキトゥルヤシの花から出る樹液を発酵させたヤシ酒ラーであった。この酒は販売が禁止されていて、ちょうど日本のどぶろくにあたるものと考えたらわかりやすい。ほかに、同じヤシ酒であるが、ウィスキーのような蒸留酒アラックも飲まれている。ただ、アラックは専売で、町に出て買わなければならないので、当然ラーの方が好まれた。さらに、スリランカの南部には果物からつくられるというカシップという酒があるが、これは得体のしれないもので、ときに命を落とすことがあると言われた。中央高地から見ると、南部はやや嘲りの対象になっていることがあり、カシップはある意味その象徴である。

ヤシ酒ラーの製造法はいたって簡単である。夕方ないし朝、キトゥルヤシの花を切ってそこから

写真17　中央でヤシ酒ラーを飲んでいるのは、親しくしていた友人だが、酒を密造して商いつつ、こうして自分でも飲んでいた。酒の入った壺から大きな茶碗や、やしの殻を半分に割った容器で飲む。（1983年）

出る樹液を細い竹などの管を通して下の壺にためる。そのまま放置しておくと、夕方仕込んだものは翌日の昼に、朝仕込んだものは三時か四時ごろにうまい具合に発酵している。その出来たてを飲むのである。男どもは昼と午後四時ごろ、家族にはちょっと畑を見回ってくると言い残して、酒を飲みに三々五々集まってくる。場所はだいたいヤシの木がある小高い斜面であることが多かった。ここで、ヤシの実の殻でつくった容器になみなみと注ぎ、駆けつけ三杯飲まされる。少し酸味のあるワイルドな味で、発酵酒とはいえ、だんだん酔いが回ってくる。ひとしきりしゃべった後、ふらふらと家まで戻ってくる。家人は酔っぱらっていることを先刻お見通しだが、とがめられることもない。じつにのんびりした風景であった。

そうはいってもラーの製造販売は法的には禁止されていた。スリランカでは植民地支配の時代に、イギリス本国での禁酒運動の延長で、禁酒にされた時代があった。これは、当時酒の販売を海岸部に住む漁民カーストなどが独占していたのに対して、植民地政府がその権利を奪おうとして始めたことであった。この禁酒運動は、欧米社会における人道主義なるものと、植民地政府の利権とがうまく手を結んだ結果導入されたものであった。その後禁酒は解かれたが、調査時点では密造酒にあたるヤシ酒ラーの製造販売は認められていなかった。

その一方で、調査村があるヤティヌワラ郡は、酒とくにラーの製造販売で周囲でも有名であった。村にはキトゥルヤシがいたる所にあり、管と壷さえあればどこでも酒を作ることができた。わたしの親しい友人は、職がないので、ラーの製造、タバコの一本売り、蒸留酒アラックの販売、など何にでも手を染めていた。しかしご禁制のラー作りは危険が伴う。ときどき警察がやってきて酒の密造をとがめていった。友人はそのたびにいったんは手を引くような恰好をするが、すぐに別の木を探してきて再開していた。なにしろいたる所にヤシの木があるので、いつまでたってもいたちごっこが続いていた。取り締まる方も半ば分かっていて、それ以上厳しく取り締まることはなかった。

酔っぱらいの象使い

調査ではいろいろな人と飲む機会があったが、なかで象使いのおじいさんの話しが今でも記憶に残っている。象は村のなかを歩くこともあり、われわれを和ませてくれていた。村では材木運びなどに動員されていて、ときどき家の前の道を通っていく象は、予想外に速く動くので、遠くからはまるで飛んでいるように見えた。象の寿命は人間に近い六十年ほどなのであるが、ちょうど調査を行っていた時に八十歳の名象が大往生を遂げた。その後継者と目される子象がタイから寄付されたが、村の近くで飼われていた。ときどきバザールにやってきて、雑貨屋などに首を突っこんでは、バナナなどを要求していた。その姿は愛嬌にみちていたが、反面象使いには過酷な運命が待っていたようだ。

村には象使いの家系があって、このおじいさんとその息子もともに象使いであった。二人とも酒に強くて、飲むときはしこたま飲んでいた。友人の話しだと、象を使うのは危険が大きいので、とてもしらふではいられないのだということであった。一見おとなしい顔をしていて、動きも鈍いように見えるが、象は気性が荒く、また走り出すと想像以上に早い。ふつうは足に鎖をつけて暴走しないようにしているが、万一象の横を通らなければならないときは、怒らせないように気をつけてそっと歩かなければいけない。

バスで走る道すがら、川で象に水浴びをさせている象使いの姿を見て、仲がいいのだな、と勝手に思い込んでいたが、そこにはわれわれの知らない緊張感があった。それは、象は一番愛するものをいつか殺す習性があるからである。象使いの半分ほどは、最後象にのしかかられて命を落とすのだそうだ。そうした緊張感のなかで、ふだんは酒にまみれて感覚を麻痺させているのだった。村の象使いのおじいさんは、すでに現役を退いていたが、このように天寿を全うできるのは珍しいのだ

写真18　止宿していた家の近くを通っていく象。象は遊んでいるのではなく、大きなものを運ぶ仕事をする。バス道路を行く象の姿は圧巻だが、近くに寄るのは少しこわいし、想像以上に早い。(1985年)

写真19　村に住む象使い。すでに70歳ほどになって高齢なので、息子が跡を継いでいる。ともかく酒飲みで、この象使いは珍しく天寿を全うできる幸せな象使いである。(1985年)

そうだ。跡を継いでいる息子さんは、いつもそうした危険と隣り合わせの生活を送っているということだった。

こうした緊張感を和らげるための酒は、ベラワー・カーストの徹夜の儀礼のときにも活躍していた。ベラ太鼓は、革が硬く叩くのは見かけほど簡単ではない。鼓手の手を見ると、革があたる指の腹などは、ナイフで削れるほど固くなっている。まして徹夜で踊ったり、叩いたりするのは重労働である。ここでも、気を紛らわせるために酒なしではやっていられない事情があった。わたしの助手をつとめてくれた青年Pも、結局は酒におぼれて体を壊し、若くして亡くなってしまった。世の中に酒と女は敵なり、などといわれるが、酒飲みの話しのなかには、哀しい運命が潜んでいる。ちなみに下の句は、どうぞ敵にめぐりあいたい、だとは古今亭志ん生の落語の枕につかわれていたクスグリである。

2　家族と親族

現地調査は、異文化の中で行われるものであるから、当然お互いの習慣の違いから、さまざまな問題を引き起こすことがある。そうした問題の中で最も大きなものは、妊婦さん絡みの舌禍事件であった。いつも止宿先の家の前の店でたむろしていることが多かったなかで、あるとき若い妊婦さんが買い物に来ていたのに出会った。そのとき何の悪気もなく、日本でよくやるように、お子さんがいるのですね、とうっかり聞いたのが大間違いのもとであった。

その女性は恥ずかしそうにして何も答えなかったのだが、いつも軽口を飛ばしている回りの友人たちは皆、血相を変えてわたしをなじってきた。お前はそんな暇にしているから、こんなバカなことをやるんだよ、とそのときの剣幕はそのあとも二度と見ることのできないものであった。もちろん、後にそれが母子を危険にさらさないための、絶対的なタブーであったことを知るのであるが、調査者としてあるまじき失態であった。こうした妊婦、胎児を話題にすることのタブーはさまざまな地域にあることは承知しておかなければならない基本知識である。のちのインドでもそうであったが、当時独身であったことも災いしていた。結婚して子供をもうけて初めて人は一人前扱いされるし、調査もスムースに行くことになる。

友人にも叱られたように、住み込みの長期調査では確かに暇にしている時間が長い。仕事のある村の人びとは、朝早くから勤めに出て夜帰って来るし、農業をやっている人は昼までは仕事をしている。いったん昼に食事に戻ってくるが、食事の時間は一時過ぎになることが多く、そのあと少し熱さが和らぐまで昼寝をする場合が多い。そしてまた仕事に戻るのだが、ときにはそのまま一杯やりに出かける人もある。思ったほど、われわれの調査につきあってくれる時間がないのである。とくに夜は早く休むので、とにかく時間をもてあます。そんなときは、昼間書きなぐっていたメモをフィールドノートに書き写したり、日記を詳細に書いて過ごした。わたしは三ミリ方眼の格子が印刷されている野帳を使ったが、ほぼ五ミリ程度の大きさのともかく細かい字で書いていった。もちろん、地図やスケッチなどはふつうのノートを使った。

出産か婚姻か

結婚、出産を出発点とする家族・親族関係は、シンハラ社会の中でも最も重要な位置にある。それだけでなく、社会人類学ではながらく家族・親族研究がその基本であり王道であった。現地調査もまずは村の地図をつくり、家族・親族関係を押さえるために系譜図をつくるところから始める。ただ、この家族・親族関係は、婚姻が出発点か、出産が先かで態度が分かれる。婚姻が出発点ならば、二人の結びつきもさることながら、その背後の二つの集団（姻族）の横の関係が重要である。出産を初めにおけば、生まれた子供を父方、母方どちらの集団に帰属させるかという、世代を超えた縦の関係が焦点である。これは、社会人類学でいう姻戚関係を重視する「連帯理論」と、親子関係を重視する「系譜理論」との分かれ目であった。

イギリスの社会人類学の歴史のなかでは、祖先からの親子関係をたどる出自、系譜が重視されてきたが、異彩を放ったのは、フランスのルイ・デュモンによる連帯理論であった。この背景には、イギリス社会自体が出自や系譜を重視していたことがあり、その主な調査地域であったアフリカの社会もまた出自重視の社会であった。これにたいして、デュモンが調査したタミル社会は婚姻重視の社会である。つまり、人類学といえど、結局は自分自身の経験と調査地の経験が、理論を決定的に左右するのだということがよく現れている。

わたしは当初宗教儀礼の調査を主眼としていたが、所属していた研究室の雰囲気から、家族親族調査も視野に入れることにした。これには日本の本格的な人類学者のはしりとも言うべき馬淵東一先生の謦咳に接することができたことも働いている。先生と直接お話したときに、スリランカは親族関係が独特だから、よく調査するようにと何本かの論文のコピーをいただいた。先生が強調しておられたのは、まさにこの系譜、出自をめぐる議論のなかでのスリランカの位置づけであった。それだけでなく、広く社会関係の調査にはいくつかの難題がつきまとっていた。

スリランカの家族親族構造にはまず地域や宗教などによる変差が大きかった。細かい説明は省くが、とくに相続法については、歴史的背景が絡んで、キャンディ（シンハラ）法は中央高地のキャンディ（ウダラタ）地方に、デーサワラマイ法は北部のタミル人に、イスラム法はムスリムに、ローマン・ダッチ法は低地シンハラ、東部タミル、バーガー、ヨーロッパ人などに適用されるというように、非常に錯綜していた。さらに、シンハラ内部では、キャンディ法とローマン・ダッチ法、タミル内部でもデーサワラマイ法とローマン・ダッチ法へ二分されている。高地と低地の境界領域においては、二つの法が混在して混乱もしたが、人びとはむしろこれらを都合のよいように使い分けていたようである。

家族親族の調査は、助手と二人で一軒一軒回って各世帯別の情報を集めた。このとき、各家のカーストに配慮をして、同じカースト出身の若者に一緒について行ってもらった。みな英語は片言であったが、それが逆に幸いして、苦労はしたができるだけシンハラ語で調査したことがあとあと

写真20　助手の青年M。村の外れにある貯水池のほとりでポーズをとっている。ドバイから帰って来たはいいけれど、仕事もなく暇そうにしていたので、ゴイガマ（農民）・カースト関係の調査に同行してもらった。(1985年)

役に立った。農民カースト、ゴイガマの青年Mは、湾岸のドバイに出稼ぎに行っていた経験があったが、それほど稼ぎがよかったようには見えず、帰国したのちはまたプータローに逆戻りしていた。こうした同カーストの人間と調査に行くと、村程度の規模だと何らかの親戚関係があるので、話しは早いし、不在の家の情報も得られたりする。ゴイガマとベラワーについてはMとPに協力してもらったが、バッガマについては、止宿していた家の人に情報を補ってもらった。情報源は多く台所での無駄話のついでに得たものである。

調査は、回った家庭の系譜をとるところから始めた。これは、アンケートなどによる表面的な情報だけでなく、直接話を聞くことによって表面にはでない内情に迫ろうとする手法である。一軒一軒回って、家族構成を聞き、さらにどこの村の出身かを訊ねる。そのことで、この結婚が嫁入り婚か、婿入り婚か、あるいは二人とも移ってきたのかが分かる。そして、系譜をとることで、村の中の家々の関係、個人個人の関係や、姻戚関係が分かってくる。こうした手法は、時間がかかり、また見知らぬ人間が何を聞くのだ、と警戒感を抱かれる結果にもなる。

そうこうするうちに、この社会では、ある個人の系譜をとると、いろいろな親族関係が幾重にも重層していることが分かってきた。つまり、父方をたどれば父の姉妹の子供であるが、母方をたどると母の兄弟の子供にあたる、というような。それは、父の姉妹が母の兄弟と結婚しているからなのであるが、もう少し離れた関係も含めて、こうした関係性の重層が珍しいことではなく、むしろふつうだということも分かった。だから、はじめよくある系譜図を作成しようとしたが、線が入り組んでしまい、かえって何のことか分からなくなってしまった。そこで、いまいちどデュモンなどの研究に帰ってみると、比較的近親者のあいだでの婚姻が繰り返されると、もはや単純な系譜関係では語れないことが明らかだった。こうして、他の地域で通用する系譜図の作成を、途中まではやったものの、断念しなければならなかった。

家族・親族研究は、人類学者の過度の科学性の追求から、難しい議論に終始するようになり、一九八〇年代からは完全に下火になった。家族親族関係は、相変わらずそれぞれの社会の中で決定的に重要であることに変わりがないにもかかわらず、みずから理論的に行き詰まって、研究そのものを放棄してしまったのである。それには、理論的に行き詰まっただけでなく、じっさい苦労が多いわりに実効性があがらない事情もあったと思う。苦労して一軒一軒回って、家族関係などを根掘り葉掘り聞くこと自体歓迎されることではない。また、いつも家に人がいるとは限らないので、留守の家には二度三度と訪ねていかなくてはならない。調査者のことをかなり理解してもらって初めてこうした調査が可能になる。初めに葬式写真家まがいのことをしていたのは、情報を得るよりなにより人びとの信頼を得るためであった。その上で初めて他人の家の中へ、奥へと入っていくことができる。

したがって家族親族調査を始められることは、ある意味調査のひとつの到達点でもある。そして、調査は始まってしまえば、いろいろな情報が互いに関連づけられて、比較的すらすらと進むものである。ただ、あとになってわかることであるが、そうして汗と涙の結晶とも言える情報は、集計してしまうと一枚の関係図や統計表になって終わりである。そこには、資料を集めたときの涙ぐましい努力は一切反映されない。むしろ、時間をかけていると現実は足早に変化し、最後まで人に会えなかった家も必ず残るので、得られた情報はつねに不完全に終わる。家族親族調査にはつねに苦労と後悔がつきまとうものである。

ともかく、馬淵先生の指摘を待つまでもなく、親族研究の中で、スリランカの親族構造は、父系、母系を問わずいわゆる「単系」ではなく、「双方的」、「双系的」とよばれる形態をもつことで知られていた。さらに調査の中で分かったことは、シンハラ社会における「家族」、「婚姻」、「親族」の概念に大きな流動性があり、また強い政治的含意が含まれていることであった。この節では、多少専門的な議論にふみこむことをお許しいただきたい。

家族を表わす三つの言葉――ゲー、ゲダラ、パウラ

シンハラの社会構造に限らず、なにごともっとも基本的な概念が、もっとも難しいものである。シンハラ社会では、婚姻、出産を経てつくられる家、家族にあたる言葉としてゲー、ゲダラ、パウラの三つあり、それぞれが微妙に重なったりずれたりしている。日本語でも、イエ（家）、ウチ、家族、世帯など似てはいるがそれぞれ微妙なニュアンスの違いがあるのと同じである。その上、一九五〇年代からの人類学者による民族誌を読むと、地域や階層による違いも大きいことが分かっていた。さらに、そこにふたたび政治性が関わってきて、事態をいっそう難しくしていた。

その一方で、どれも日常会話で頻繁に耳にする言葉なので、かえって調査が難しかった。とくに大上段に構えて意味を聞くような調査では、かえって混乱を増すだけであった。そのため、どのような文脈でどのような意味で使われているかを注意深く見さだめる必要があり、ともかく年期のいる仕事だったのである。正直、今でも明快に説明することは難しいのであるが、わたしなりに整理すると、ゲーが食事の消費単位、ゲダラが共通の祖先を持ちかつ同じ場所に住んでいる人びと、そしてパウラは妻子とその延長であり、それぞれ食事、同居、婚姻が成立の基本条件である。さらに、ゲーは基本単位、ゲダラは親子を通したタテの関係、パウラは婚姻を基盤とするヨコの関係の拡大形だと、とりあえず整理しておきたい。

「ゲー」に関しては、食をめぐる関係が肝であり、食事のもつ社会文化的意味が強く関わっている（二章第1節）。とくに、食は性と平行関係にあり、家、家族、世帯などの成立の契機である。のちに述べるように、結婚式のハイライトは新郎新婦が互いに食べ物を口に入れてあげるところである（三章第1節）。そして、シンハラ語の「ゲー」は基本的に食事の消費単位にあたる。女性は結婚とともにみずからの竈《かまど》をもち、調理道具をそろえて独立したゲーを構える。つまり、ゲーは食事を契機にした、漠然としたしかしごく一般的に用いられる家である。実際「私のうちに来ませんか」、などというときは、ゲーである。日本語で言えば世帯（ウチ）に近い。ゲーと親縁性があり、日本語の家（イエ）に近いのが「ゲダラ」である。ただ、またまたややこしいのは、ゲーもゲダラも、複数形はゲワルになる。ゲダラは、出自が同じで居住を中心にしており、特定の場所、地所と結びついているが、財産を所有する集団ではない。ここが財産の所有と継承を重視する人類学の親族理論ではとらえにくい面があった。さらにむずかしいのは、ゲダラには階層によって父系の匂いがつきまとっていたことである。

これは、王権が上位カーストに与えたワーサガマという貴族的称号が絡むからで、これは父系の筋に沿って父から息子へと継承される。その上、そこには階層差があって、上位のゴイガマ（農民）カーストは、ウダラタ王国時代の遺制をうかがわせるワーサガマ名とゲダラ名をともに名乗る。たとえば、テンナコーン・ムディヤンセーラーゲー（＝ワーサガマ）・ミーガハコトゥワ・ゲダラ（＝ゲデラ名）・ムトゥバンダ（＝個人名）のような長い名前になる。実際はワーサガマ名とゲダラ名がイニシャルで表されるので、この人はふつうＴ・Ｍ・Ｍ・Ｇ・ムトゥバンダと名乗る。また、ゴイガマ以外のカーストでは、基本的に二種類、つまりゲダラ名と個人名だけあり、ワーサガマはもっていない。ゴイガマと非ゴイガマとの間のゲダラ概念とワーサガマ概念の相違は王権との関係に由来する。つまり、ウダラタ王権のもとでワーサガマは王権が許した特定の家筋の「称号」であり、一方ゲダラはその中で、互いを区別するための表象である。その意味で、ウダラタ（キャンディ）王国の支配を受けなかった西部、南部などにもワーサガマはみられない。

　ワーサガマについてさらに注目しておくべきは、現在これが西欧的な意味での「姓」として使われるようになってきていることである。もともとワーサガマをもつゴイガマでは、ワーサガマの前半をとって姓化する傾向がある。たとえば、ヘーラット・ムディヤンセーラーゲー・ディンギリ・バンダ氏が、本来であればＨ・Ｍ・ディンギリ・バンダと称すべきところをＨ・Ｍ・Ｄ・Ｂ・ヘーラットを名乗るような場合が一般化してきている。また非ゴイガマの間では、いわゆるゲダラ名が姓ととられるようになってきている。さらにはもともと個人名であったものを姓として代々継承するという傾向も見られる。

　これはタミルの場合と対象的である。タミル人は姓をもたず、個人名の前に父の個人名をおくのがふつうで、そのほかに女性は結婚後夫の名をつけくわえる。そのため、パスポートの記載では混乱が起きる。要するに、西欧や東アジアでの姓と名という常識が、南アジアでは非常識なのである。そして、シンハラでもタミルでも、人びとがパスポートやＩＤカードなどを持つ例が増えるに従って、この西欧的な常識に合わせようとする傾向が見られる。これはスリランカだけでなく、タイやインドネシアなどの場合にも同様の混乱があり、おそらく他の地域にもふつうに見られる現象なのだと思う。

「パウラ」はさらに複雑で、「家族」を中心概念としながらも多義性をもっている。つまり（一）自分の妻、（二）一人の女性とその子供たち、（三）一人の女性の直接の子孫、（四）何か特定の政治的目的のために連帯した親族集団、などの意味がある。ここではパウラが婚姻関係を核としてじっさい上政治的党派として機能している場合まで広がっているのが注目される。

このように、ウダラタ・シンハラ社会においては、社会のもっとも基本概念である家や家族の概念が錯綜を極めている。それは、一つの実体的集団に一つの概念を対応させようとするような科学的合理的操作になじまない。これを婚姻を契機にヨコに広がる「パウラ」と、親子のタテ関係を基盤とする「ゲダラ」におきかえてみると分かりやすいかもしれない。研究者が外からこの社会をみるとき、いわゆる家族を、パウラとみるかゲダラとみるかで大きく異なってくる。生計を規準とすればパウラをあてるのが適当であり、ゲダラは「同族」のニュアンスが強い。

さらに、ゲダラ概念は、家・世帯から父系親族集団さらにワーサガマを媒介にして高カーストの地位の表現へと連続する。つまり、ゲダラ名がカースト内の血縁・序列・地位などの観念を家族・世帯に持ち込むことになる。一方パウラは婚姻関係をもとにした多義性を持ち、それが「わたしの妻」から姻族関係を結ばれる人びとの政治的党派にまで広がっている。要するに、ゲダラとパウラは互いに排斥しあうものではなく、コインの裏表である。ただ、この構造はウダラタ地方のゴイガマ・カーストのみにあてはまるが、その他の地域・カーストにはあてはまらない。

婚姻と相続

村のなかを、ゴイガマの古い家柄の友人と歩いていたときに、世間話のついでに土地の所有権についての話題になった。この家は、十九世紀末に植民地政府が刊行した地誌にその名があるくらいであるが、古い家はかえって、土地所有の細分化に悩まされているというのである。それも世代が下がるにつれて、ますます細分化が進み、ついには猫の額ほどの土地を耕すことになるだろうと真顔で言うのである。調査村のように、ここ何百年か耕地面積がそれほど増加していない場合にはとくにその傾向が著しい。これには、文献で知っていたこの地方特有の相続法の問題が関わっているのだが、人びとの土地に対する執着もまた強く、事態は一筋縄ではいかないものと認識せざるを得なかった。

村でいざこざがあると、その多くはまずは土地の境界をめぐる争いである。居候をしていた家でも、隣家との境界をめぐって争いが起こり、そのときにタブーとも言えるけんかことばを聞いたことは、一章第2節でふれた。裁判沙汰になるのも、こうした土地所有をめぐるトラブルが圧倒的に多い。もちろん、自分の土地を広く見せたいのは人情であるが、それを強引に進めようとして、しばしばトラブルを起こす。法制度の複雑さとともに、細分化された土地の所有権が、実に曖昧であるところにも原因がある。

先にも述べたように、スリランカの法体系は一元的ではなく重層している。ウダラタ地方では、いわゆる「キャンディ法」とよばれる慣習法が基本的になっている。それによれば、基本的に財産は個人所有が原則である。そして、財産には、先祖からの財産の相続による「相続財」（祖先伝来の土地、夫財／妻財）と、婚後二人で得た共同の「獲得財」とがある。財産相続についていえば、基本的に、（一）正当な後継者がない場合、相続財産は元へ戻す、（二）親の財産はその没後子供たちに男女を問わず均分に相続される、という原則がある。このとき父親の財産も母親の財産もその子供たちに均等に相続されるのが原則である。もし片親が複数の場合でもあくまでも一人の人間から生まれた子供が親の財産に権利をもつ。この限りにおいてはウダラタ社会は男女両方の筋をたどる「双系（性）的」な社会である。ウダラタ王国時代の資料をみる限り、個人所有の原則が近代の産物ではなく、すでに十九世紀初頭には行われていたことがわかる。

つまり、ウダラタ社会では社会人類学者が主に関心をよせてきた、土地を共同で所有する集団、いわゆる協同的な親族集団の性格が薄いのである。逆にそれだけに、スリランカは社会人類学者の関心をよんできたし、わたしもその例外ではなかった。このような調査には土地台帳の閲覧が必須なのであるが、村全体を網羅した公式の台帳は手に入らず、一部しかコピーできなかった。それも、細分化が進み複雑に入り組んでいたので、個別の人物、家庭を特定し、整理するのはほとんど絶望的であった。手に入ったのは農民カーストのある一族の例だが、当人たちが全体像を的確に把握していないのだから、細かく同定しようにも、できるわけがなかった。このような曖昧な記憶が、さらに土地をめぐる争いごとの種にもなる。村の中ではこうした事態を裁定できなくなっているので、多くは裁判に持ち込まれるが、どこでも泥沼化して決着は難しいようである。

のちの南インドでの調査でもそうであったが、こうした公的な基礎資料を集めるのは、おそろしく手間がかかり、限りなく不可能に近い。それは、一章第2節でも触れたように、村落組織が一元的ではなく、またその任にあたっている人物が信頼に足ることがまれだからである。わたしも何度も依頼して、そのたびに次の機会にね、と言われ続け、結局空手形に終わることが多かった。それは同じころ調査に入っていたマールガ研究所のスタッフも嘆いていたことである。実証性を求める歴史学者などは、簡単そうにこうした公式文書での資料的裏付けを求めてくるが、じっさいそれが困難を極める社会があることは理解されない。また、公的資料の信頼性自体に疑問を抱いている人類学者とも、すれ違いになることが多い。

ところで、シンハラ社会の相続法では、原則として男女間の違いを問わないのが特徴であり、その意味で父方、母方の双方の系譜をたどる、いわゆる双系なのであるが、女性の財産の扱いをめぐって、実質的にはいくらかの変差がある。じっさい、村内婚で村にとどまった娘は相続権を主張し、村外に出た娘は権利を放棄するのがふつうである。また権利を有していても村外に出た場合には、実質的に村に残っている兄弟が管理運営を行うことが多い。逆に母親の財産は男女を問わず均等に分割される。また、均分相続といいながらも、男性は主に父から不動産（土地・家屋・ココヤシ）を、女性は主に母から動産を継承する。ちなみに、ココヤシの木は立派な不動産である。ここには男性による不動産継承の筋と、女性による動産継承の筋がゆるやかに平行していることになる。ただしこれには階層間の変差があり、富裕層ほどこの傾向が強く、貧民層では比較的男女平等に近い。

　また、富裕層の場合には、女性の継承すべき財産が婚姻時に女性側から男性側に贈られる「婚資」（ダウリ）として生前贈与されることもある。ただし、女性が婚出時に夫方へもってでる婚資は、基本的に妻の個人財産として保持される。これはインドにもある程度共通する特徴である。また、シンハラ社会では近しい関係のなかでの婚姻には婚資は伴わないのがふつうで、婚資がじっさいに動くのは、遠い関係の通婚関係が新たに結ばれるとき、とくに異位階の亜カースト間通婚など身分違いの場合、そして富裕層がみずからの財力や地位を誇示しようとする場合である。

　このように、ウダラタ・シンハラ社会の相続慣行については、とくに富裕な貴族層の間に父系への傾きがみられる。とりわけ旧ウダラタ王国の貴族層、つまり後に述べるゴイガマ・カーストのラダラ亜カーストの間で顕著である。ただし、富裕層の間でも、女性が不動産に対しても兄弟と対等の権利をもつ婿入り（ビンナ）婚が存在しているし、女性が相続すべき財産のほとんどが婚資として与えられる点で、男性一辺倒に歯止めがかけられている。むしろ注目しておくべきは、婚出する可能性が高い女性は流動的な動産に傾き、定着性が高い男性は不動産に近くなり、焦点が性別ではなく土地との関係にあることである。つまり、シンハラの相続慣行は、つきつめれば不動産（土地）が外部に流出する可能性をつみとることに主眼があるとみられる。

こうした相続慣行のもとで、男兄弟は互いに利益が相反する敵同士とならざるを得ない。兄弟仲良くなどという浮わついた家族愛は見られない。わたしの知り合いの男兄弟の例では、兄が結婚していて弟が独身のときに、弟がよく兄嫁とことに及んでいる話しを自慢げに聞かされた。本人曰く、兄嫁の方から誘われたのだという。また、ことに及ぶのは畑であったり、兄が仕事に出ている間の兄宅であったりするようだ。

そこにはウダラタ・シンハラ社会の相続慣行が働いているのだが、もうひとつ、この社会では近親婚を繰り返しているから、もともと兄嫁は弟とも知り合いで、ひょっとしてお互い憎からず思っていたふうもある。そうすると、この兄弟骨肉相食む浮気話も、家族親族婚姻関係の肝に関わっていると納得することができる。それにしても、女性はたくましいというか、おそろしいというか、まだ独身だったわたしの心胆を寒からしめたことはたしかで、しばらくは女性不信に陥った。

結婚相手をさがす

家族親族研究のなかで系譜とともに基本になるのは、親族（関係）名称の調査であった。親族名称の調査は、個人を基点にして、親族関係にある人びとをどのように呼び（呼称）、同定するか（名称）を調べるものである。つまり、お父さん、お母さん（呼称）や、父、母、いとこ（名称）などの語彙を調べる。十九世紀後半のモーガンに始まり、その後言語学の影響のもとに分類体系の研究が進むにつれ、科学的な装いをもった名称体系研究が進んだのである。ただこれも、次第にスコラ的な議論に終始するようになり、すでにその使命を終えたものと理解しなければならない。

シンハラもタミルもその（親族）関係名称体系はいわゆる「ドラーヴィダ型」に分類されている。これは要するに、「婚姻」制度との連関性が極めて高く、第一義的に婚姻可能／婚姻不能という二つの範疇に分類し、「交叉イトコ」婚を繰り返すのが特徴である。タミル社会もシンハラ社会も、実の兄弟と姉妹は当然ながら婚姻関係に入ることはできない。交叉イトコ婚というのは、本人から見て、父（母）の姉妹（兄弟）の子供との婚姻関係というよりは、親からみて、実の兄弟・姉妹の子供同士の婚姻関係だということになる。俗ないい方をするならば、近親婚の規制で結婚できない実の兄弟・姉妹のかたきを子供たちが討つ、とでもいったらよいであろうか。

のちのタミルナードゥでもそうであったが、親族関係を細かく調査するにあたって、このドラーヴィタ型の名称体系を持つ社会は、大きな困難を抱える。それは、実の兄弟姉妹と親同士が同性のいわゆる平行イトコとの名称が同じだからである。つまり、実の兄弟姉妹も平行イトコも、アニ、オトウト、アネ、イモウトにあたる名称で呼ばれる。一方親同士が異性の交叉イトコはまったく違っている。このような日本語や英語などとの大きな違いから、おなじアニとはいっても実の兄なのかイトコなのか区別がつかないことになる。そのため、回りくどいが、母親が同じ兄弟姉妹関係にあることを示すために、同腹のアニ、イモウトのような言い方をしなければならなかった。こうした違いはオジ、オバなどの名称にも及ぶので、一見簡単そうな調査が難航したり、あとですべてやり直さなければならないようなことにもなる。しかし、そうした汗の結晶は簡単な図にしたら終わりなのである。

ウダラタ社会の婚姻は、基本的に同世代の交叉イトコ間、つまり「マッシナー」と「ナーナー」との結びつきである。この点でオジ・メイの間の異世代婚とくに姉妹の娘との婚姻がみられるタミル社会とは異なっている。重要なのはたがいの系譜関係ではなく、婚姻不能な身内と、婚姻可能な姻戚の範疇の区別である。これを同世代でみるならば、男性にとって重要なのは「アッカー（姉）」、「ナンギ（妹）」と「ナーナー（いとこ）」との区別である。この場合、アッカー、ナンギは実の姉、妹だけでなく、親の同性の兄弟の娘たち（日本語ではイトコにあたる）も指す。要するに、シンハラ社会において、親族関係の語法で語られる分類体系は、婚姻不能／婚姻可能／外部者、という区分になっている。姻戚関係は、既存の婚姻関係を媒介にしたものと潜在的なものとに分けられる。この潜在的な姻族は、「よその人」とよばれるが、それは異人・他者ではない。ここには婚姻関係に対するカーストの規制が大きな輪郭として働いている。

このような婚姻連帯においては、「マーマ」とよばれる男性がもっとも重要な位置を占めることになる。「マーマ」は「母方オジ」（母の兄弟）と「義理の父」（妻の父とその兄弟）などを含んでいるが、交叉イトコ婚が行われる場合には両者は範疇としては同義になる。マーマは母の男兄弟であるが、おい・めいの婚姻に責任を持ち、自分の子供をめあわせるのが原型である。そのときマーマは義理の父となる。面白いのは、マーマの名称も役割も、タミル社会とほぼ共通していることである。

一方、婚姻の可能性のある「マッシナー」「ナーナー」、および義理の兄弟になる可能性のある「マッシナー」同士は日常生活においても特別な関係にある。とくに男性の交叉イトコ同士は極めて親密な関係にある。それはべたべたとした関係というのがふさわしく、一緒に道を歩く時に手をつないだり肩を抱いたりするのは序の口で、ときには接吻したりすることさえある。見ていてあまり気持ちのいいもではない。「マッシナー」の俗語形ともいうべき「マチャン」は、タミル語でも使われるが、知らない同士でも冗談まじりに親密さを強調するときこのことばが用いられる。それは、われわれのような部外者でも親しくなればそのように呼ばれるようになる。また男女関係が比較的厳しく規制されていて、夫婦・兄弟姉妹などもあまり人前で会話をしたり一緒に行動するのを避ける傾向にあるが、交叉イトコ同士はことさら親密さを強調することが多い。また、婚姻儀礼の時には、新婦の交叉イトコの男性が二人の関係を許す意味において祝福するくだりもある。

婚姻は正式には「見合結婚」(arranged marriage) がほとんどである。最近では都市部などで、恋愛結婚もみられるが、数は多くない。これは、インドの婚姻事情にも共通しているが、またタミル社会などの場合と同様に、当人同士が顔を合わせないままに結婚にいたる極端な例もある。一般には仲立ちをする人が男性側に女性を紹介し、吉日を決めて娘を「見に」出かけて行き、気に入れば日をあらためて親や親戚同士が条件などの交渉を行い、正式の結婚にいたる。このときとくに重視されるのは、星の相性である。後にも述べるように、南アジアにおいては婚姻時に限らず、占星術が重要であり、人びとの生活をさまざまな面で規制している。子供が生まれると主にベラワー・カーストの占星術師に「占星表《ハンダハナ》」をつくってもらい、これがその人の一生の運命を左右することになる(二五七ページ参照)。男女間の相性も、二人の星をたがいに見くらべて判断する。

婚姻関係は比較的近い関係で繰り返されることが多いが、村内婚はそれほど多くはない。また、ウダラタ・シンハラ社会の婚姻形態には、妻が夫方に居住する「ディーガ」婚と、夫が妻方に居住する「ビンナ」婚の二つの形態がある。ワルガンパーヤでは二割程度がビンナ婚であったが、ビンナ婚が四割程度にのぼるという報告もある。ディーガはもともとは「嫁を遠く離れたところへ出す」という意味をもち、ビンナは「壊れた」「分離した」が原義だという。

ディーガの夫は自分の親の土地を継承するが、ビンナの夫は妻の親の土地を耕作する。男性はもちろんディーガ婚を好み、ビンナ婚の夫はやや低く見られている。たしかにビンナの夫は耕作する土地を持てない比較的貧しい場合が多い。このビンナ婚が起るのは、一般に男子がいない場合ないし親が娘を手元に残したい場合である。ただし、ウダラタ・シンハラ社会では、婚後親と同居する例はほとんどなく、同じ敷地に住むとしても「竈」だけは独立してつくり、生計を分離するのがふつうである。したがって、ウダラタ・シンハラ社会の婚姻形態はほとんどこの二つの類型に集約されるといってよい。

そして、こうした横に広がっていく婚姻関係に外枠を与えているのがカーストの存在である。仏教社会といいながら、次節に述べるように、シンハラ社会は基本的にカースト社会であり、カーストが婚姻の限界つまり内婚単位をなしている。原則的に異カースト婚は認められず、事実村内でも公式に婚姻が成立しているのは僅かである。

このように、いずれの形をとるにしても、家族・親族関係は、カースト制に縛られている。そして、カーストは家族・親族関係の拡大形である。これはカースト制のもっとも重要な原点である。この規制の限界を超えようとすると異カースト婚になる。南アジア社会においてカースト制は決定的な意味を持つ社会制度であるが、スリランカにおいても、人びとの生活のもっとも基本的な集団、家族・親族がこれによって支配されている。このシンハラ社会におけるカーストについて、次節でまとめて振り返っておきたい。

3　仏教国のカースト制

インド社会にとってカーストの存在が決定的な意味を持つことは周知のことがらであろう。調査を進めるうちに、スリランカでもカーストの問題が思っていたよりはるかに重要であることが分かった。スリランカにカースト制があるといっても、ごく単純に考えると平等主義をうたった仏教とは相いれないのではないかと思われるはずである。仏教は、ブラーマン（バラモン）を頂点とするカースト的身分制度を批判してあらわれてきた宗教であり、教義の上からも身分制度を否定していたはずだが、現実はまったく違っていた。また、カースト制をめぐる議論にスリランカの例が微妙な陰影を与えていたことも分かってきた。

フランスの社会人類学者ルイ・デュモンは、ブラーマンの権威が支配する制度をカースト制の典型として、ブラーマン不在の仏教社会、ムスリム社会などは疑似カースト制にすぎないのだ、と述べた。これは要するに、ブラーマンの権威に基づいて社会が構成されているヒンドゥー社会にのみ、まことのカースト制があるのだという見解である。その伝で行くと、ブラーマン不在のスリランカ、シンハラ社会のカースト制は、あくまでも擬似的制度だということになる。

デュモンの議論は、ヨーロッパの、それも観念が現実を支配するという大陸の観念論の色彩を帯びていたので、とくにイギリスの、現実を優先する経験論者から強い批判をうけた。そのときに批判の拠り所とされたのは、人類学者ホカートのカースト論であった。ホカートはセイロン（スリランカ）の考古学コミッショナーをつとめたために、インドよりもセイロンの事情により通暁していた。ホカートは、カースト制を支える基盤として王権の存在を重視したが、これはセイロンのカースト制の特徴を色濃く反映していた。これがのちに、イギリスとフランスとの間のカースト論争の基礎になったのである。ここでは、ホカートの見たセイロンのカースト制が、正統的なものだったのかどうかという議論は一旦脇において、現実に機能しているカーストについて述べることにする。

カースト調査の困難

わたしが暮らしていた村は、シンハラ仏教徒が大半を占め、ヒンドゥー教徒といえば隣町にわずか一家族、というより一人いるだけであった。この人はながく床屋職をつとめてきたが、すでに老齢で仕事もしていなかった。村では、ゴイガマ、バッガマ・ドゥラ、ベラワーの三カーストが主なものであったが、ほかに村の北側にあらたに開発された開拓集落に隣接する村からの移住者があり、そこに異なったカーストがいくつか混ざっていた。ゴイガマはスリランカ全体で人口の約半数を占め、また位階の最上位におかれる農民カーストである。一方、近隣の村落も含めて、この地域は比較的下層の駕籠かき職のバッガマ・ドゥラが多数派を占めていた。さらに少数ながら身分がやや低く見られている芸能・儀礼カースト、ベラワーがあった。

初めて調査に入ったとき、つねに頭の中にありながら、外部者としてもっとも気を使ったのは、当然カーストについての調査や質問であった。それは、インドに調査地を移してからも同様であった。スリランカでお世話になったのは、シンハラ仏教徒とバーガーの夫婦というやや変則的な家族であったが、逆にカーストに対しては比較的中立的な立場にあった。そうはいっても、カーストについての質問はなかなかしにくかったし、またむこうからもそれを話題にすることはなかった。時をへるにしたがって、ときどきカーストのことが話しにでるようになり、こちらもだんだん調査ができるようになった。とはいえ、お世話になった家族がわたしの仕事を理解してくれたためであって、そうおおっぴらに話し合っていたわけではない。

われわれのような外部者がカーストを話題にするのは、いずれにしても微妙な問題をふくんでいる。それはわれわれの側にもまた相手の側にも、カースト制がその社会の恥部のようなうけとられかたをしている場合が多いからである。反面、はっきりいえるのは、村の人びとがたがいにはだれがどのカーストの人間であるかわかっていることである。つまりだれがどのカーストに属しているのかは当事者には秘密のことがらではない。そして、人びとの話しの中でも、カーストへの言及は決して秘密なわけではない。だから、そのうち互いに慣れてくると、みんな知っているのだから、別に隠すようなことではないじゃないか、という反応になる。このあたりは現地も含めた先入観から二重三重に誤解されやすいところである。

一章第2節でふれたように、家の中の台所はすぐれて女性の空間なのであるが、わたしはそこに椅子を持ち込んで、調理しているおばあさんや、娘さん、ときには訪ねてきた女性たちからも、村のカーストについて一軒一軒確かめることができた。そのもとになったのは、村の有力者からもらった選挙人名簿であった。しかし、スリランカの選挙は、日本の一部地域と同様の熾烈な争いが行われるので、選挙人名簿がそのまま日本の住民台帳のような確実な情報とは言えない。ただ、少ないながら住んでいたムスリムの正式名称が恐ろしく長いことや、ベラワーの中に、通称とは違う本名を持っている人があることも分かった。それは逆に、名前からカーストが容易に想像できるからであった。

それだけでなく、女性たちの話しはときにとんでもない方向に向かうことがある。もっとも興味をもたれていたのは、当然ながら、誰と誰がどうしたというスキャンダルであった。かくいうおばあさんも娘さんも、それほど自慢のできる人生を歩んできたわけではないので、ときどき不思議な感覚になった。そして、ここで得られた情報はとても公表できないものばかりであった。しかし、他の大事な情報はきれいに忘れているのに、公表できない情報は、何十年立っても覚えている。知れば知るほど書けないことが増えるのが調査の皮肉である。ともかく、台所は女性だけでなく、人類学者の空間にもなっていた。

スリランカとインド

スリランカの村落社会においては、カーストの構成にいくつかのパターンがある。もっともふつうなのは、複数のカーストが一つの村に共存している例である。また、ときには一つのカーストだけで一つの村落を形成している例もある。わたしの村に隣接する村落には、こうした一つのカーストが一村落を形成している例と、一つの村に十三のカーストが共存している例とがあった。そのなかでワルガンパーヤのように一村に三ないし六カーストが含まれているというのは、比較的中庸のサイズだったといえるだろう。

スリランカのカースト制はインドほど厳格ではない。じっさいシンハラ仏教社会におけるカーストの数はインドより少ない。インドには一村に二十から三十のカーストを含むことが珍しくないのに対して、スリランカでは最大十あまりで、ふつうはせいぜい数カーストにすぎない。その意味でスリランカのカースト制がインドのミニチュアのような印象をもたれるのは故なきことではない。スリランカと南インド、タミルナードゥ州で行なわれた代表的な農村調査の事例を比較のためにあげておこう。

スリランカ
中央州ヌワラエリヤ県（一九七五）　四四二人　八十八世帯　単一カースト（ゴイガマ）
中央州マハヌワラ県（一九六七）　一二〇三人　二一四世帯　六カースト
北西部州クルネーガラ県（一九八二）　一一九人　単一カースト（バダヘラ）
北中部州アメラーダプラ県（一九六一）　一四五人　単一カースト（ゴイガマ）
南部州ガーッラ県マダガマ村（一九六七）　単一カースト（ゴイガマ）
ウーワ州バドゥッラ県（一九八八）　三〇五九人　六カースト
タミルナードゥ州
タンジャーウール県（一九六〇）　九六二人　一九九世帯　二十二カースト
タンジャーウール県（一九六五）　一四〇〇人　三四九世帯　二十九カースト
ティルチラパッリ県（一九八四）　六七七人　一七八世帯　十七カースト
マドゥライ県（一九八五）　一六一二人　三五二世帯　七カースト（ブラーマン不在）
コインバトール県（現アンナー県）（一九七二）　四七〇〇人　一一一四世帯　十五カースト

スリランカの諸カーストは、大きくいくつかの範疇に分かれる。インドのカースト制との対比でいうと、表4のように図式化できる。

表4　カースト制度

タミル		シンハラ
ブラーマン	聖職者	仏教僧侶
農民		「良い人びと」
職人		「仕事をする人びと」
不可触民		「劣った人びと」

注意すべきなのは、タミルナードゥでは、聖職者（ブラーマン）―農民・職人（非ブラーマン）―不可触民（原ドラーヴィダ）という三層構造になっており、相互に対立関係があるのに対して、スリランカでは聖職者（仏教僧侶）がカースト外にあり、不可触民も少ないのに対して、農民と職人との区別がはっきりしている。スリランカではインドのようなカースト別人口が全国規模で明らかになったことはなく、唯一英領時代の海岸部の人口比が分かっているに過ぎない。

そこから推測するに、農民人口が全体の約半数、その他が残りの半数を占める構造になっているものとされている。上位カーストであるゴイガマが多数を占めるという点も、インド・カースト社会との大きな違いである。インドにおける支配的なブラーマンは全人口の五、六パーセント程度にすぎないし、その他の支配的カーストも少数派である。タミルナードゥでも農民カーストが多数を占めているが一カーストの人口比はせいぜい一割にも満たない。つまり、スリランカでは、ブラーフマンが不在であり、同様の機能を果たすのは、生まれで得られる身分でなく、獲得的な出家者集団の仏教僧侶である。

また、ゴイガマの中のラダラとよばれる亜《サブ》カースト（下位集団）は、王国時代に貴族的な性格をもち、多くは大土地所有者であったとともに、国家・

写真21　ワルガンパーヤから歩いて30分ほどのところにある居住区からときどき村にもやってきていたロディー・カースト。男性はリーダー格で、人から物はもらうが現金を受け取らない誇り高きロディーであった。（1983年）

宗教などの最高の地位はこの層にほぼ独占されていた。中央高地部の農村などで、その末裔はワラウ（ワ）とよばれる大きな屋敷を構えて君臨している姿を見ることができる。村の近くのワラウには、裁判機能を持っていた現在も時代の名残の拘束施設をもち、また敷地内に独立した仏教寺院も設けられていた。ただ、ラダラはブラーマンのように精神的指導層というわけではなく、あくまでも王権との関係で特権を行使しているにすぎない。

カースト制を考えるとき、つねにつきまとうのが「差別」の問題である。そして、カースト差別の典型としてこれまたつねに引き合いに出されるのが、インドの不可触民への差別である。スリランカのカースト制がインドと異なっている最大の点は、人ロとしては少数派ながら、位階の最上位にあって大きな力をもつブラーマンと、この差別の象徴である不可触民とがともに存在しないところにある。

ただ物乞いを生業とするロディーは、スリランカの数少ない不可触民として言及されることがある。とくに年配のロディーは、みずからの仕事に誇りをもっており、現金は決して受け取らない。また動物の死体処理やときには売春などもやるとされるが、そこには多分に偏見が含まれている。ロディーは一般に「クッパーヤマ」と呼ばれる居住区をつくり他のカーストとは離れて生活している。調査村の近くにもクッパーヤマがあったが、ここのロディーは近隣の村落をまわって食事などを乞うていた。ただ、ときどき村にやってきたリーダー格の男性は、近年若者が物乞いを嫌悪し、身分を隠して都市で働く者が多くなったと嘆いていた。

また他カーストの人びとからは、ロディーは物乞いはしているが実は裕福であること、あるいは女性が魅力的で他カーストの男を誘惑する呪術を心得ていること、などがまことしやかに語られていた。このカーストの女性は非常に魅力的だと信じられているとともに、女性が使う媚薬ならぬ媚呪術にかかると、男は女性の魅力に取りつかれて骨抜きになり、ついには身を持ち崩してしまう、と言われていた。さきの売春説もどうやらここからきていたようである。いずれにしろ、当時でも「誇り高き物乞い職」としてのロディーはしだいに少なくなっていた。

王への奉仕

ホカートのカースト・モデルは、十五世紀から一八一五年までの間この地域を支配していたウダラタ（キャンディ）王国のもとでの社会制度と深く関係している。カースト制は社会制度であってなかなか王権などの権力と結びつけて考えることが少なかったが、最近の社会人類学などの研究により、その存立に王権などが決定的な役割を果たしていたことが明らかにされてきている。その意味で、後づけとはいえ、中央高地農村を調査地として選定したことの意義が大いにあったことになる。

スリランカでカースト制が成立したのがいつのことかはっきりしたことは言えないが、現在のカースト社会を考えるときには、ウダラタ王国時代（一四七二―一八一五）の、それも末期のナーヤッカル（太守）王朝時代（一七三九―一八一五）が決定的な時期にあたっている。このころは、カースト制のみならず、とくに現在の高地シンハラ社会の社会・文化の基礎が形作られた時代である。

王国の体制内で、各カーストは政府内のカーストを統括する部局の管理をうけるとともに、土地所有権をめぐって実質的な支配をうけていた。スリランカのカースト制では、一応の職業分化が見られ、分業の体制がみられる。各カーストは、農民、駕籠かき、鍛冶職、金銀細工職、つぼ職、その他の職業をもつが、第一にそれらが王に対するサーヴィスとして設定されている。特定の職業をもってはいるが、基本的にほとんどのカーストは農耕もあわせ行っているのがふつうである。この

表5　王権によって役務を管掌されていた諸カースト

ナワンダンナ（金属職人）
カラーワ（漁民）とムスリムの運輸職
バダヘラ（壺作り）
バダ（洗濯職）
ハンディ（籠・唐箕作り）
パンナ（象の管理）
フヌ（石灰焼き）
ベラワー（太鼓叩き）
キンナラ（マット織）

意味で、職業が村の他の成員に対するサーヴィスを主体とし、かつ職業の分化が高度に進んでいるインドのカースト制とは大きく異なっている。

スリランカ中央高地部において、土地所有と結びついたカースト制を支えていたのが、「王役」（ラージャカーリヤ）制度である。これは、寺院などが所有する土地をもっぱら保有し耕作する権利をもつ人びとが、ときに応じてそれぞれの職業にしたがったサーヴィスを王ないし土地所有者に返礼する制度である。こうした王役は、たとえば日常的な場面での、土地の耕作、建物の修理、儀礼のサーヴィスなどや、また特定の祭礼などの時のサーヴィスの提供など、いくつかの機会に行われる。とくに毎年アサラ月（七・八月）に行われる「アジア最大の祭り」キャンディ・ペラヘラ祭は、こうした王役を一挙に果たす最大の機会であった。つまり、ウダラタ王国の「王役」制度は、カースト制の実体化・法制化を実現する制度であった。

この王役ということばは王国がなくなった現在でも、日常的に仕事に出かけるときなどに、やらなければならないこと、というような意味でつかわれている。マハヌワラで仕事をしている勤め人に朝会うと、

写真22　毎年7～8月におこなわれるキャンディ・ペラヘラ祭で行列に登場する氏子総代バスナーヤカ・ニラメー。衣装は王国時代の貴族のファッションだといわれる。(1984年)

写真23　ナワンダンナと呼ばれる金属細工職カーストの職人。高地シンハラ社会のナワンダンナは金・銀・銅・真鍮細工、鍛冶、大工などの仕事を本職としている。一方、低地ではもっぱら鍛冶職である。(1983年)

これから仕事だよ、という意味でラージャカーリヤということばを使っていた。また、かつての王役のなごりとして、村の人びとがキャンディ・ペラヘラ祭などの機会に何らかの協力をする光景も見られる。助手をつとめてくれた青年Pのベラワー・カーストは、いわゆるキャンディアン・ダンスのために町まで出かけていく。青年Pは太鼓をたたき、踊りの上手な妹は踊りに参加していた。

さらに、わたしのいた村の周辺では、ペラヘラ祭の機会にココナツの葉で編んだかざりもの（トラナ）や、大小の絵画を提供する人たちがあり、ペラヘラ祭の行進のときにたいまつをもって道を照らしながら先導する人びとなどもあった。見物に行ったときにたまたま知り合いと目が合って、ウィンクされたりしたものである。ある年、日本のテレビ局がペラヘラ祭の撮影にやってきたことがあり、その中で飾りつけを作る村の人びとが大挙して参加していたようだった。あいにくわたしは日本でその番組を見損なってしまい、あとでみんなにひどく責め立てられたものである。

スリランカのカースト制が、しだいに変貌をとげつつあるのは事実である。その第一の要因は、西欧流の平等主義が入ってきて、カースト制に基づく生まれつきの身分差別が強く否定されたからである。このことは、仏教社会の中で、当初の仏教にあった差別否定のイデオロギーを再びもちだして、みずからこれを強化する傾向にも結びついている。インドもそうであるが、スリランカでも公的にはカースト差別は認められていない。そのために、カースト制の存在があからさまに知られているインドはともかく、スリランカではその存在が大っぴらに語られることは少ない。

こうした傾向は、カースト制の最後の難関と考えられる結婚にもじわじわと影響を及ぼしている。

写真24　王役の太鼓打ち。ワルガンパーヤの寺院では、毎日朝と夕方の六時に太鼓を叩いて時間を知らせる。ベラワー・カーストがこの仕事にあたり、寺院の所有地の一部を耕作する権利をもらっていた。(1986年)

たとえば、村のバッガマ・ドゥラは三つの系統に分かれている。かつてはちがうカーストの人はもちろん、別の系統の人とも結婚してはならなかったが、当時は同じカーストの人ならば許されるようになってきていた。とはいえ、それがただちに異カースト婚の公認にまでいかないところが、婚姻をめぐるカースト制の強固さである。日本でも、理解のある風は装っていても、いざ自分の子供や親戚が国際結婚をしようとすれば大きな抵抗を受ける。異カースト婚はそれほどの重大事である。

しかし、元大統領で後に暗殺されたラナシンハ・プレマダーサ（一九二四—一九九三）が、貴族カースト出身でもまたゴイガマ・カースト出身でもなかったことは有名である。スリランカの独立後の歴代の首相、大統領は、いずれもゴイガマのそれも貴族亜カースト出身であったことは公然の秘密であるが、この比較的下層のカーストからでたプレマダーサが大統領にまでのぼりつめたことは、少なくともスリランカではカーストの差別がないことの証明として大きく取りあげられることがあった。ただ、逆にいえば、これはカースト差別が存在したことを認めているようなものでもある。現実に、最近の大統領選挙でも、このカーストの違いが大っぴらに取り沙汰されたものである。ここから読みとれるのは、建前上はその存在を否定しながら、しかし現実には強固に存在しているカースト制の根深さである。

一方、最近のカースト制の変貌には、人びとの意識の変化とともに、経済基盤が崩れたことが大きい。王国時代にはカースト制は人びとの生活の基盤である土地所有と深く結びついていた。しかし、イギリス植民地時代に、土地の私有概念が入るとともに、現金経済の浸透で土地がさらに売買の対象となり、カースト制を支えていた土地所有制度や王役制度が根本から崩れることになった。当時の村では、かつての王役の名残は、ベラワーの例が唯一残っているだけで、寺院の土地さえも切り売りされて最低限の範囲を残すにとどまっていた。こうした傾向はますます進んでいて、人びとを縛りつけていたタガがゆるんでいるのは確かである。

いずれにしても、現在のカースト制は危うい均衡の中で、しだいにその規制をゆるめながらも、しかしまた強固に存在しているのである。

近代主義イデオロギーの陥穽

カースト制は確かに生まれによって人びとを差別する身分差別の制度の面をもっている。とくにインドの不可触民はほかのカーストと生活圏を異にしているし、ほかの人びとからさげすまれることもある。その意味で、カースト制は世界中から差別の制度として集中砲火を浴びてきた。ただ、それにもかかわらず、カースト制は現在も南アジア社会の基礎をなしている。カースト制には、世上よく言われるような生得的な身分制度としての性格ののほかに、今一つ重要な側面があり、それを見落としてはいけない。それは、異なった種類の人びとが共生するための社会制度という側面である。

カースト制は一般に位階制度と考えられるが、それと同時に、もともと出自の違う人びと、たとえば異なる言語を話す人びとなどを統合することのできるシステムである。これは、カースト制が、お互いの違いをそのまま残して、分業という制度の中で、それぞれが何らかの持ち場を与えられ、生活の場を保証されている制度だともいえるからである。インドでもスリランカでも、町を歩いていると、間口の小さな店が軒をつらねてひしめきあっているすがたをみることができる。商店の守備範囲はそれぞれまことに小さく、自転車のパンク一つを直そうにも、部品を売る店と修理をする店が違っているので能率が悪いことおびただしいものがある。ただ、これは逆にみると、商店などの経営規模はそれぞれ小さく細分化されるといえ、小規模ながら多くの人びとが生活の場を得ることができるシステムにもなっている。

南アジアの社会を見ていると、日本のように統合化・画一化の方向に向かう社会とは反対に、微分化・細分化の方向を向いている社会であることを痛感させられることが多い。それは、近代化という面では足かせになるのかもしれないが、なにか強いものがあらわれたときに、つねにそれを批判し、相対化する対抗馬があらわれて、社会が一方向に強力に引っ張られることをうまく調整しているように見える。あるとき、インドの調査を行っていたドイツの研究者と話したときに、やはりこのことを強調していた。近現代史に汚点を残した二つの国の研究者が、図らずも同じことを考えていたわけで、それだけ日本もドイツも画一化志向が強いのだと改めて思わされた。ともかく、南アジアにファシズムはまったく似合わない。

カースト制は一般に差別の身分制度として、近代的平等主義的な人びとから厳しい批判をうける。それは、生まれながらに身分が決定されてしまう身分制度は、機会均等をうたう近代的原理に反しているからである。こうした批判はもちろんもっともな点が多い。ただ、西欧キリスト教世界から近代的な制度が南アジア世界に入ってくるとともに、下位階層の人びとが差別に苦しんでいることが明らかにされた結果、西欧世界からはこの差別の体系としての性格そのものが、批判の対象として必要以上に重視された傾向がある。しかしカースト制は、世上よく批判されるように、人びとを苦しめるだけの差別の制度ではない。それをインドなどの後進性に結びつけたり、また近代化を妨げる要因だと断罪したりすることは容易ではあり、またじっさいそうした批判はよく行われるが、それにも根本的な疑問を呈しておく。

さらに、なにより重要なのは、生得的な身分に基づく差別を忌み嫌ってきた西欧的イデオロギーにとって、カースト制は格好の標的であった。しかし、西欧近代は、獲得的な差異に基づく差別構造には頓着しない。それは西欧近代を支えているイデオロギーが、位階制を基盤としたカトリシズムを根本的に批判してきたプロテスタンティズムのイデオロギーそのものだからである。この意味で、カースト制について根本的に考え直すことは、世界を支えてきた西欧近代イデオロギーへの鋭い批判になるはずである。

第三章　生活のイデオロギー

1　結婚式と葬式

人間の成長の過程で、その立場を変えるとき、つまり、子供から大人へ、少女から女性へ、というような過渡期にはいわゆる通過儀礼、人生儀礼が行なわれる。その間当事者は悪に侵されやすい危険な状態にあるとされるので、慎重に保護される。結婚と葬送は人生最大の儀礼であるが、これを除くと、シンハラ社会の通過儀礼、人生儀礼には宗教色が比較的弱く、主に家庭内だけで祝われることが多い。調査村落では、次のような通過儀礼が行われていた。

初食……生後七ヶ月～一ヶ年の初食。
穿孔……生後半年～一ヶ年、耳にピアスの穴をあける。
初潮……女子の初潮時の儀礼。

出産・誕生時にはとくに儀礼が行われるわけではない。ただし、誕生の日時については占星表《ハンダハナ》をつくるために細かく記録される。この際には、誕生の日の何時何分（何秒）まで記録されるという。この占星表は子供の一生の運命を左右する。なかでももっとも重視されるのが、婚姻の時の相性の判断である。見合結婚の多いシンハラ社会では、一度会ってたがいに気に入った時でも、星が合わなければ原則として成立しない。結婚の条件として星の相性が決定的な役割を果たしているのである。マハヌワラで寄宿していたティッサ・ウィジェーラトナ家には年頃の娘さんがいたが、ティッサ氏はよく冗談で、娘を嫁にほしいなら、まずは占星表をもってきなさいといっていた。ただ、この娘さんは占星表を見るもなにも、職場の同僚と恋愛結婚をしてしまったので父親はいたく嘆いていた。

星の善し悪しは日々の生活、健康状態その他にも影響する。子供自身の成育儀礼の時間などの判断もこの占星表を規準にしたがうし、悪い星の影響で、病気になったり不幸な出来事があると、その原因を祓うための儀礼が行われたりもする。この占星表は、ベラワー・カーストが誕生日時をみてつくることになっているが、僧侶がこれを行うことがある。出産前に受胎祈願・安産祈願などで、神社において神祇に願をかける場合もあるが、無事出産が行われた時には、その神社に行って初詣りをする。

初食・穿孔は大がかりな儀礼ではない。初食儀礼は吉日吉時を選んで子供に初めて固形物を食べさせる儀礼である。家の中でさまざまな菓子類それにバナナを用意し、菓子を子供の口の中に入れる。その後、親戚の人などが持参した贈物にふれさせて、子供の将来を占う。また、穿孔儀礼は子供の耳にピアスの穴をあける儀礼である。これは男の子にも行われる。ほかに、誕生直後に子供の舌に「金のミルク」をたらす儀礼、生後一ヶ月の子供を太陽光線の下につれだす儀礼、ことばを話し始めるころの子供の髪の毛を切る儀礼、子供がアルファベットを習い始める儀礼などが紹介されているが、調査村ではこれらについての話しを聞いたことはない。また、これらの成育儀礼はいずれも家族と近い親族だけで行われるものである。

初潮儀礼は比較的よく見られる。スリランカの村落社会での少女の初潮は日本などに比べると比較的遅いようで、平均十三、十四歳からときには十五、十六歳に達することもあった。初潮があると、少女は白い衣装に着替え、家の一室あるいは小屋に隔離される。部屋の中には乳棒と乳鉢がおかれるが、これは男性・女性の象徴とされる。この間洗濯カーストの女房が少女を世話をする。かつては部屋の中で、女性としてのさまざまな心得を教えたともされる。食事に関しても、魚肉・油ものなどが禁じられる。数日から一週間程の隔離期間を終えると儀礼的水浴が行われる。これは早朝四時頃に井戸に行き、洗濯カーストの女房が少女に水をかけて浄化する。このとき水つぼを地面に叩きつけて割る。初潮儀礼について、文献では細かい記述もみられたが、少なくとも調査地周辺では、儀礼の手続きが著しく簡略化されていた。少女も部屋にこもりっきりとはいえず、家の中から顔をのぞかせて愛想を振りまくこともあった。ただひとつ、早朝の浄化のくだりだけは比較的忠実に行われていた。

シンハラ社会では、比較的近い親戚同士の結婚が多い（第二章2節）。この場合とくに、親同士が異性の子供たちの交叉イトコ婚が好まれるが、単純化すれば、母親の実家に娘を嫁にやったり息子の嫁をもらったり、という関係を繰り返すことになる。その上村内婚があまり多くないので、何代かたつと村に散らばっている親戚と別の村の親戚が、互いの関係をたどっていくと、どこかでつながっているという現象が現れる。そうした若者が出会うもっとも重要な機会が、結婚式と葬式である。

閉じた結婚式

シンハラ社会では、お葬式が開かれているのに対して結婚式は閉じている。葬式には招待されなくとも参加してよいが、結婚式には招待されない客は丁重にお断りされる。葬式の場合、わたしのような外国人でも、その場に居合わせれば参加してかまわないどころか、むしろ歓迎される。その一方で、まだ事情が分からないときに、結婚式の情報を聞きつけて、葬式のときと同じように写真を撮ろうと出かけていって、参加者にひどくにらまれたことがある。これも最初戸惑いをおぼえたことのひとつである。ただ、そのうち知り合いが多くなって、結婚式にも非公式ながら、呼ばれることもあった。

結婚式が重視されないのは、結婚式が婚姻成立の絶対条件ではないからだ。これは法的に儀礼の執行が条件になるタミル社会と著しい対照をなしている。従って、シンハラ社会の儀礼の手続きも比較的簡単であり、女性の家で行われる「ポールワ」(poruva)と両親族の会食につきている。「ポールワ」はココナツの葉でかざられた祭礼用の壇で、式がここで行われることから式の手続き自体を指すことにもなる。ポールワでの儀礼は、次のような要素からなる。

一　新郎新婦が壇上にあがる。
二　少女たちの「勝利吉祥偈」（ジャヤマンガラ・ガーター）とサンスクリット語の「アシュタカ」の歌、
三　二人の指を糸で結び、花嫁の父親が水を注ぐ。
四　花婿と花嫁がたがいに「キリ・バット」（乳飯）を食べさせあう。
五　花婿が花嫁に白い布を贈り腰のまわりにまく。
六　花嫁・花婿が両親にあいさつする。
七　花嫁の交叉イトコ「マッシナー」の一人がココナツを割る。

ここでキリ・バットを食べさせあうのには、二人の性関係が暗示されている「食べる」ことが「性関係をもつ」ことをも示すところからである。白布をまくのは性的権利の独占の宣言、そしてマッシナーによるココナツ割りは二人の関係の承認ということになる。このように儀礼自体は極めて簡素なもので、主眼はそののちの両親族の会食におかれる。ここで両者が顔合わせをして互いに親戚関係を結ぶことになる。

しかし、九〇年代からは都市の富裕層などを中心に、ホテルでの結婚式が流行しはじめた。ここでは基本的にポールワ儀礼のパターンが繰り返されるが、ほかにベラワーによる太鼓と踊り、それにケーキ・カットなども加わって、ショー的な要素が増している。ベラワーが結婚式に参加するの

写真25　ポールワといわれる狭く区切られた場所で式は進むが、そのなかで、新郎と新婦がココナツ・オイルをまぜて固めたキリ・バットとよばれる食べ物を食べさせあうのがハイライトである。(1983年)

は珍しいことではないようであるが、わたしの村ではむしろベラワーの参加は少なかった。結婚式でのベラワーはあくまでもショーとしての踊りや太鼓を演ずる芸人として呼ばれているが、本来は別の役割をになっていた。

ベラワーによると、結婚式では「吉祥太鼓」(マグル・ベラ)といわれる特別のリズムの太鼓が叩かれるが、このとき花嫁が処女であればなにごともないが、そうでない場合には花嫁が失神してしまうのだという。当時はすでに時代が変わっていて、実質的にそのような意味でのベラワーの役割は後退していた。このようにシンハラ社会における婚姻儀礼は、地域差・階層差などが著しく、またしだいに変化しつつある。ただ、ポールワ儀礼は共通しており、とくに二人の指を結ぶくだり、そして性関係を暗示するくだりはよく行われているようである。

開かれた葬式

一章第3節でも述べたように、調査のための戦略と、たまたま居候していた家のおじいさんが葬儀屋で仕事を手伝っていたので、わたしは葬式に妙に詳しくなっていた。そこでよく分かったのは、村出身の人びとは村を出て都会などにいても、最期は村に戻りたいと考えていることであった。葬儀は村の人びとが集まって盛大に行われる。仏教徒の場合、仏教僧侶がとりしきるが、亡くなった人が生まれたときから関わってきた寺院の住職があたることが多い。仕事の都合などで村をでている人びとも、亡くなったときには自分の村に帰ってなじみのお坊さんに葬式をあげてもらうのが願いなのだとよくいわれた。つまり仏教徒の場合には、故郷と寺院が一体化しており、また最後はふるさとに帰りたいという願望も強い。ここから、村の寺院が人の生死を通じて、ふるさと意識を醸成してきたことが分かった。

村の人びとは、死をめぐって村落寺院とのつながりを強固に保っているが、それは死の床に臥したときから始まる。死期が近くなると、親戚・友人などが最後の別れを告げに訪れる。そして僧侶を招いて「臨終説経」を依頼する。僧侶は呪術的な効果のある「ピリット」(護呪経)の一部を読経し、死に行く人の善行をたたえる。人が亡くなると、遺体をふき、顔に薄化粧をして白衣または一張羅を着せる。手には手袋をはめ、手の指あるいは足の指を糸で結ぶ。死者は棺に納められるが、

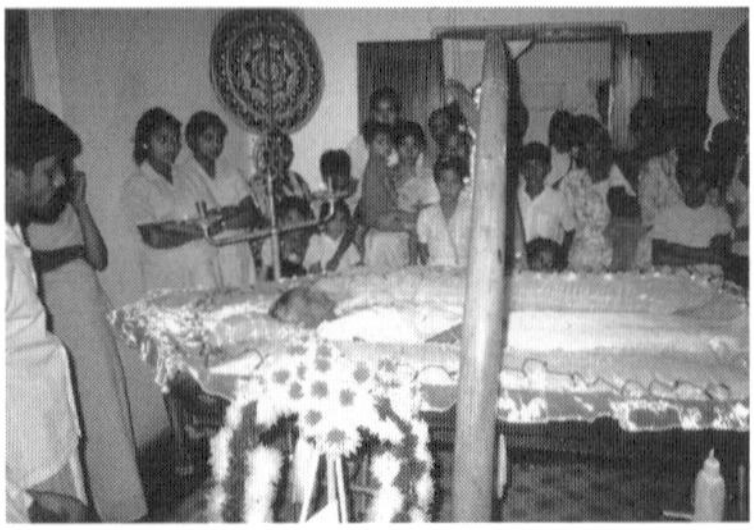

(a)

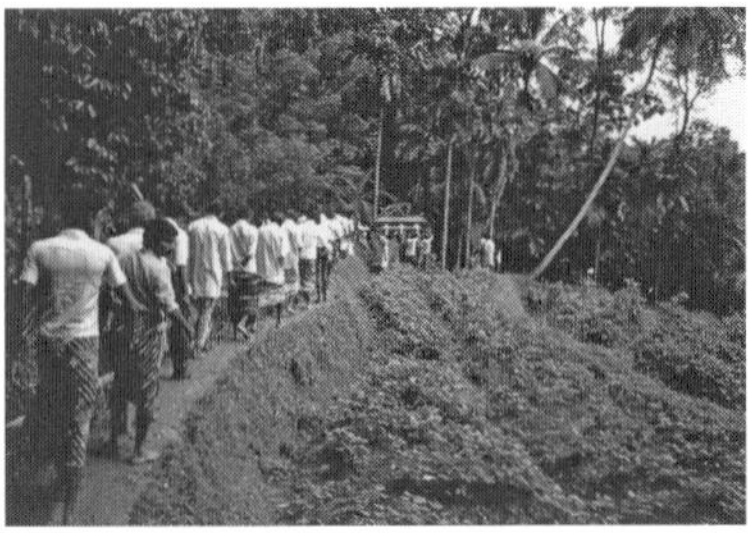

(b)

(c)

(d)

(e)

写真26　葬式は、まず遺体を安置してきれいに飾り（a)、2、3日したら僧侶を先頭に親戚などが棺を担いで埋葬場に向かい（b)、一旦安置するが、このとき遺族以外で同行できるのは男性だけで、写真のように女性は遠巻きに見守っている(c)。そのあと村の有力者などのあいさつが延々とつづき（d)、最後に埋葬される（e)。とくに墓標などは設けない。(1982年)

死後二・三日、ときには四日のあいだ、棺全体を左右に開いて台にのせ、人びとに遺体を公開する。昔は遺体の腐食が進んで臭いがひどかったというが、当時はすでに防腐剤を注射してこれを防いでいた。火曜日と金曜日は葬送儀礼を行えないので、この日にかかると一日延びる。これは死後すぐに葬送儀礼を行うムスリムと対照的である。棺の横にはココナツ油の燈明をともし、化を供える。ときには象牙一対をかざり、遺体の周りを豆電球などで派手にかざることもある。近親者が遺体につきそい、女性はとくに亡き人をたたえ、繰り言めいたことを言いながら悌泣する。死者をだした家では家人が調理をできないので、親戚・近所の人が食事を運ぶ。この間に、村の家いえからは誰かが遺体を「見に」行かなければならない。見物は親戚や村の人だけでなく、隣村や遠方に及ぶこともある。故人を知るものは誰でも「見る」ことができる。葬送儀礼は、農村部でも町の葬儀屋に依頼することが多い。また、儀礼の費用をまかなうための、互助的な「葬式組」が雑用をうけおっていた。

わたしが日本人として戸惑ったのは、こうしたときの遺体に対する人びとの態度である。何度かお葬式に参列していたのでだんだん慣れてきたとはいえ、やはり遺体は不気味である。もちろん、スリランカの人びとも、まったくそのような気持ちがないわけではないが、それにしてもわれわれの目からはドライにすぎる気がしていた。

葬列を組んで

葬儀はふつう午後に行われる。午後二時半出棺、三時告別、四時埋葬というのが標準的である。当日は朝から告別の客が出入りするうち僧侶が到着する。僧侶は臨終説教に依頼された人が集める。人数は一定しないが、数人からときには十人二十人にも及ぶことがある。出棺の時間になると一段と泣き声が高くなり、なかには失神する人もあらわれる。外では爆竹が鳴らされ、台をはずして棺が閉じられる。これを近親者や友人がかついで家を出る。ここから埋葬地まで、棺を先頭に僧侶、そして参列者が続く。葬列は洗濯職カーストが用意した白布の上を歩くが、この間棺には小銭や紙片などがまかれる。この葬列は男性が主体であるが、その最後の方に埋葬を見届けたい女性が続くこともある。このようにしてかなりの時間をかけて埋葬地に到着する。

死者は土葬にされるのがふつうであるが、キリスト教の影響で一部に火葬もとりいれられている。とくにウダラタ王国の貴族の末裔であるラダラ亜カーストなどに多い。いずれの場合も穴が掘られ、その回りを囲んで、やぐらを組む。葬送儀礼はやぐらの前で行われ、土葬の場合にはそのまま棺を穴に埋め、火葬の場合にはやぐらの中に棺を入れ、やぐらごと焼いた後残った灰のみを埋めることになる。この場合、日本のように骨を残すのではなく、すべてを灰にする。埋葬地はとくに定めがあるわけではなく、家の敷地の一部あるいは村の共同の埋葬地などがつかわれる。とはいっても、墓標などをたてるのは一部に限られており、知らない人が埋葬された場所を確定することは難しい。かつては村にある貧民などを一時的に救済するための「仮小屋」で葬送儀礼を行い、その近くに埋葬したともいわれる。もちろんだんだん世代が離れると、だれの遺体がどこに埋葬されているかわからなくなっていく。じっさいこの社会で人びとの親族関係を調べていても、自分が知っている範囲つまり上下三代（祖父母の代と孫の代）までが限界であった。

葬列が埋葬地に到着すると、棺は左まわりに三回まわされ、頭を西向きにして穴の上またはそばにおかれる。棺の上にはのちに僧侶に贈られる「白布」（追悼布）がおかれている。告別式は最年長の僧侶が口火をきり、仏法僧三宝への帰依と五つの戒律を表わす三帰五戒文が唱えられる。さらに棺の上の白布を僧伽に奉げる旨を唱え、そのあと「諸行無常、諸法無我、生者必滅、寂滅為楽」を唱え、功徳によって近縁者たちの安楽を願う一節を唱える。それから、コップにコナツ水を注ぎ、僧侶は人びとに功徳が流れ満ち溢れるよう祈願する。住職による短い法話があってから、参列者による演説が続くが、これが結構長くて辟易《へきえき》することも多い。この間適当なところで住職一人を残しほかの僧侶は退座する。ひととおり演説が終わった後で、喪主が出て感謝のことばを述べる。棺のふたがもう一度開かれ人びととの最後の別れとなる。そのあと、そのまま穴に埋葬するか、火葬に付すことになる。葬送儀礼のあいだ、死者の交叉イトコが最初に土をかける役、あるいは点火の役を果たす。

七日めの法要　死後六日めの夜には、住職が家を訪れて、「追悼説教」を行う。これはシンハラ語の法話で、おもに『本生経《ジャータカ》』の物語などをおもしろおかしく語り聞かせる。この説教の上手下手は僧侶の評判を左右する。さらに七日めの十時半ごろから僧侶への追悼布施が行われる。これは家

写真27　（上）ピリットは基本的に祝福の儀礼で、スリランカからタイ、ビルマなどで広く行なわれている。店の開店や結婚の披露などでも行なわれるが、もっとも多いのは没後３ヶ月のピリットである。多くは午後８時ごろから始まり、翌朝まで読経が続く。夜中は僧侶２人だが、夜と朝は全員が揃う。村人も多くは途中で抜けて、また朝になると帰ってくる。(1986年)
（下）ピリットは正式には僧侶が行なうものであるが、予算や手間を省くため、還俗者などお経を読める人が行う俗人のピリット（ギヒ・ピリット）もみられる。写真33の女性は、このギヒ・ピリットに参加していた。(1985年)

でやる場合と寺院でやる場合がある。家で行われる時には、僧侶が行列をつくって家にやってくる。行列は笛太鼓を先頭に「佛舎利の小壺」をもった人、それに托鉢の鉢を持った僧侶が続く。僧侶への布施が終わったあとに、「亡霊への供物」をつくり、これを供えて慰撫するくだりがある。「亡霊」（preta）は死者の霊で、死後三ヶ月間はこの世にとどまっており、慰撫しておかないとさまざまなかたちをとって出現し人びとに危害を加えると考えられている。

三ヶ月めの法要　死後三ヶ月を経ると死者の霊は最終的に成仏すると考えられている。したがって、この三ヶ月めの法要は葬送儀礼の中でももっとも重要である。このとき、徹夜のピリット儀礼で法要を行うのがふつうであった。家の中にピリット囲いをもうけ、ここに十二人以上の僧侶を招いて徹夜で読経をしてもらう。僧侶に対しては、初日の夜の布施に始まって次の日の朝・昼の布施まで行い、そこで死の穢れが祓われる。これによって家族親族などの喪があけ、ふつうの生活に戻ることができる。ただ、死者の地位や死者との関係によっては、一年間喪に服すこともある。

年忌法要　このあと一年めの「一年忌法要」が行われることもあるが、義務的ではない。また徹夜のピリットを行う場合もあるが、簡略化されたピリットなどですませることも多い。その後はとくに何年めと定まってはいないが、遺族の意志によっては年忌が繰り返されることもある。また、毎年の命日に、特別に寺院への「追悼布施」を行うことも多い。このような死をめぐる慣行を通じて、村人と寺院との関係が結ばれ強化されている。

葬儀のときには、結婚式よりもさらに広範囲の親戚や、友人などが大勢してやってくる。それはまるで遠足のような風情があり、また懐かしい人びとに会える楽しみも含まれている。わたしの村にはバスの運転手などが多かったので、政府のバスを借りてきて、数十人が大挙して、別の村の親戚の葬式に参加する機会もよくみられた。道中の子供の遠足のような人びとのはしゃぎようをみていて、何とも複雑な気持ちにさせられたものである。

葬式だけでなく、法事のときにも親戚が集まる機会がある。日本では初七日についで四十九日などに法事が行われるが、シンハラ社会では、七日めにつぐ三ヶ月めの法事がもっとも重要である。このときには僧侶を十人以上招き徹夜で読経してもらうピリットを行うが、これは呑んべえにとっては夜酒を飲むチャンスであり、若い人びとにとっては、夜遅くまで外出できるまれな機会でもある。それだけでなく、遠くの村からも、結婚の可能性のある若い近しい親戚がやってくる機会でもある。こうしたときに間違いをおかすことが多いといわれたが、実例がどのくらいあるかは残念ながら調査できなかった。ともかく、人の生死には、寺院と仏教とそして親戚関係などが極めて濃密に関係しているさまがよみとれる。

スリランカとインドの違い

スリランカでの経験をもとに、南インドのタミルナードゥ州に行ったとき、事態が全く逆なのに驚かされた。タミル社会の葬式は、外に開かれていないだけでなく、どちらかといえば恐ろしい意味があった。埋葬地まで棺をかついで行列するのは似ているが、不可触民（ダリト）の楽隊がドン

写真28　右の女性は、青年の母方オジの娘さんで、結婚が奨励されるマッシナー・ナーナーの関係にある。結婚式や葬式などでもよく顔を合わせていて、人に見られても問題はないので、並んで写真に納まってもらえる。(1983年)

チャンやりながら進む。人びとはおおむね酒に酔っていて、へたに関わりあいになるとからまれる。葬式には村の誰も彼もが参加できるような開放性もない。一方、シンハラ社会では、行列は僧侶を先頭に無言で進み、人びともしらふで静かである。

一方、タミルナードゥの結婚式は非常に開放的である。大体が誰彼問わず参加できるのだが、とくに都市の中間層では、何千人規模の招待客がある。わたしのような外国人でも歓迎され、ときには何の関係もないのに招き入れられることさえある。招かれた客は、知り合いであれば新郎か新婦に贈り物を直接手渡しし、一緒に写真に納まって、そのあとはすぐに大きな食事の場所に行って豪華な食事を振る舞われる。この食事の様は豪快で、何十人もの人がテーブルにつき、給仕をする人が回って歩いて食事を途切れなくついでいく。ひとしきり食べ終わると話しもそこそこに席を立ち、三々五々散っていく。食事をしてしまえば、用済みだというこのドライさが、タミルナードゥの結婚式の特徴である。

ともかく、シンハラ社会とタミル社会で、基本的な冠婚葬祭の慣習がまったく反対であることには驚きを禁じ得なかった。それはまた、両者の複雑な歴史的絡み合いの結果なのかもしれない。

2　民間信仰——儀礼をはしごする

調査者といえど、神でも鉄人でもないので、当然病気やさまざまなトラブルに巻きこまれる。それは軽い下痢から、重篤な肝炎やマラリアなどまでおよぶ。南アジアに旅行に行って、とりわけ多くの人が苦しめられるのが下痢である。問題の根源は飲み水にあるのだが、もちろん当時のスリランカの農村でミネラル・ウォーターが手に入るはずはない。お世話になったピーリスさん自身、生水を飲まず、煮沸した水を飲んでいた。また、旅に出るときは、極力水分を控えていた。

ただ、同じ日本人と旅行をすると不思議な感じがすることがあった。比較的高齢者の方が水に対する抵抗力が強く、若い人ほど弱かったからである。考えてみれば、団塊世代より上の田舎育ちの人びとは、子供のころ井戸水を飲んで育っている人も多く、初めから水道水で育った若い人びとより抵抗力があった。初めてスリランカを訪れた法学者が、とても懐かしい風景だといっておられたが、まさに戦後の日本に似た衛生、経済状態であった。

　このように、現地の人でも食事のときの水とそのあとのトイレが最大の関心事である。日本でも南アジアでも、トイレの習慣はかなり厳しい。それは、比較的最近までトイレのなかったヨーロッパなどよりも数段進んでいる。だから、アカデミー賞映画「スラムドッグ・ミリオネア」（二〇〇八）でのトイレのシーンには、ことばを失った。それはまったくの偏見に満ちた極悪非道なオリエンタリズムである。というより、トイレに無頓着だったヨーロッパの過去をインドに反映していると考えれば許せなくもない。いずれにしても、この地域ではどこへ行っても安全な水の確保が第一で、現地に住む日本人も、煮沸と浄化を繰り返して飲料水を確保していた。

病は気から

村で調査を初めたころ、郵便局から荷物を預かっているからとりに来るよう連絡があった。朝と昼の弁当を作ってもらい、水筒を持って朝五時に出発した。このとき、おばあさんは夜中の三時ごろに起きて準備をし、水筒の水は飲料用にして、郵便局で場所を借りて手を洗ってから食事をするようにと、何度も何度も注意された。いつもはココナツを削ってスパイスと混ぜ合わせた添え物がつけられるが、長旅のときはおなかが冷えるからといって、それもなしであった。ともかく弁当をかついで家を出て、途中ピリマタラウワというところでバスを乗り換えてコロンボに到着したのは午前八時過ぎであった。

まだ郵便局は開いておらず、待っている間どんな大きな荷物が届いているのだろうと、少し不安があった。郵便局が開いて、首尾よく荷物を渡されたが、それが封筒に入った小さな瓶だったので、拍子抜けした。よく見ると、教え子が気をきかせて送ってくれた、梅干しを煮詰めた梅肉エキスであった。スリランカの人には得体の知れないものと見えたようで、止め置かれたらしい。渡される前に、これは何だと聞かれて、胃腸の薬だと答えると、不思議そうな顔をされた。梅肉をとことん煮詰めているので、真っ黒で見栄えが悪く、不思議がられても仕方がない。梅肉エキスとまで行かなくとも、おなかの調子が悪いときに大活躍するのは梅干しである。

コレラの予防注射をうけに入ったとき、医者は予防注射はせいぜい半年しか効かないし、それほど効果もないので、梅干しを持っていきなさいと勧めてくれた。ふつうの梅干しも悪くはないが、梅肉エキスは最強の胃腸薬である。恥ずかしながら、こういう物があると知らなかったので、そのあとずいぶん重宝した。ただ、今はもうそうした注意すら払わなくなった。どんな田舎に行ってもミネラルウォーターが簡単に手に入る時代になったからである。さらに、薬として役に立つのはクレオソート、薬名征露丸（正露丸）だ。この薬は、おなかの調子だけでなく、歯が痛いときにも使えるので重宝する。

水の悪い南アジアでは、少しでも油断するとおなかをこわして大変なことになる。ともかく、便利な下痢止めの薬のない時代で、出物腫れ物所嫌わず、旅先で催すと始末に困った。とくにバス旅行のときが最悪で、休憩のときにトイレに行っても、トイレそのものがひどい状況で、使える代物ではなかった。尾籠な話しで恐縮だが、冷や汗をかきながら何時間もトイレを我慢した経験をおもちの方も多いであろう。ただ、人間というのは不思議なもので、死ぬような思いをして何とか我慢して、トイレにたどり着いたときの解放感はたとえようがなく、つい気が緩んで最後の最後に粗相をすることがある。ともかく人は気の持ち方でかなりの程度は身体をコントロールできるもので、O氏とこれが文字通りの意志強固だね、と笑ったものである。

マラリアと狂犬病

村落調査に行ったわれわれを真っ先に大歓迎してくれたのは、やぶ蚊であった。現地に慣れてくると、面倒なのでコロンボの空港から調査地までタクシーで直行することがあった。そうすると、都会の生活を経由せずに直接村の生活に入ってしまう。調査地は標高七百メートルほどのところにあり、涼しいのと湿気があるのが特徴だった。カメラのレンズの内側に黴《かび》が生えて往生したこともあった。それだけにやぶ蚊の多い村でもあった。あるとき、夜空港から直行して自分の部屋に入ったとたん、大量のやぶ蚊が襲ってきた。ともかく集団で来るので防ぎようがない。蚊帳はうっとうしくて好きではなかったし、日本製の蚊とり線香は効くのだが、匂いがきつすぎて嫌がられるので、焚くことができない。中国製はあまり強くなくまったく効かなかったので、しばらくけ刺されるがままになっていた。観念して、どれほど刺されるか試してみたが、片足のくるぶしの周りだけであっと言う間に百ヶ所を超えたので、阿呆らしくなって数えるのをやめた。

蚊にさされてかゆいだけならば大きな問題はないのだが、種類によってはマラリアを媒介するので油断ができない。それも熱帯熱マラリアは、悪くすると命に関わる。八〇年代初めに調査に出たころは、予防注射をうつときにマラリアの薬をもらえたのだが、副作用の問題が起こってからは、もらえなくなった。段々慣れてくると、薬を持っていてもまじめに飲まなくなっていた。のちに日本で検査したときに、いつかどこかで感染した形跡もあったようだが、幸い発病には至らなかったようだった。人類学者が大勢いる研究室などにはどこでも何人かのマラリア発症者がいる。温暖化でマラリアを媒介するハマダラカなどが日本で猛威をふるったら、真っ先に感染源として疑われるのは国立民族学博物館であろう。

病気でもうひとつ憂慮していたのは、狂犬病である。物の本にはスリランカの仏教徒は殺生を禁じられているので、野犬がのさばっていて狂犬病の危険が大きいと書いてある。現地でも、狂犬病にかかるとだんだん犬のように涎を垂らすようになり、ついには狂い死にする恐ろしい病気だと聞かされた。じっさい予防注射をしないで感染するとほぼ百パーセント死亡するというのだから非常に恐ろしい。ただ、予防注射は六ヶ月の間隔を置いて二回受けなければならなかった。調査の半年以上前から準備を怠りなく進めるまじめな人間なら可能だが、われわれのような不精な人間は運を天に任せるしかない。

じっさい現地に行ってみると、野良犬は多かったが、なにも仏教徒が不殺生を奉じているからではなく、ふつうに野犬は多いものである。また、犬を殺すのを忌避しているわけでもなかった。あるとき、バザールの道路で犬が車にはねられて死んだことがあった。友人が「バッラ・ホンダイ」（犬でよかった）、といったのを聞いて、まあそうだよな、と思ったものである。思い込みというのは恐ろしく、道端にしゃがんでいる人を見て、仏教徒は信心深いから瞑想しているのだと思ったら、小用を足していただけであったりする。歴史の教科書にも、インドは不殺生の国だから、車も道を横切る牛を待っている、という記述が必ずあるが、どこの世界に好んで牛をひき殺そうとする人間がいるだろうか。なにより車が傷むではないか。なにごともあまり先入観にとらわれない方がよい。

星に支配される

運悪く病気をしたときに、われわれが最初に考えるのは医者に行くことである。スリランカの場合、こうしたときに相談すべき相手にはほかにもいくつかの種類がある。シンハラの民間信仰のなかで、病気に代表される不幸は一括して「禍《わざわい》」（ドーサ）とよばれている。もちろんその中心は身体的な「病」である。ドーサは、もともとサンスクリット語からきたもので、その場合には宇宙・身体を構成する三つの「気質」を指す。これらの均衡がとれていれば健康であるがそこなわれれば身体の不調をひきおこす。

広く禍の原因を探るシンハラのいわゆる災因論には、身体の内に原因を求める自然的禍と、宇宙論的な原因による「超自然的禍」との二種類ある。自然的、内因的な禍は西洋医学とアーユルヴェーダ医学の担当である。西洋医学は、科学信仰に基づく医療体系であり、都市の病院などを中心に行われている。一方、インドからスリランカにかけて伝統医学として有名なアーユルヴェーダは、インド起源の伝統的医療体系であり、とくに熱（火）と冷（水）の均衡を健康と認識する独特の医療体系をなしている。日常的には熱い食べ物と冷たい食べ物とのバランスが大事である。この熱い冷たいについて調査してみると、必ずしも物理的な熱さ寒さと一致しているわけではないことがわかる。

ワルガンパーヤ村にも、狂犬病を治すことでスリランカ中に鳴り響いているアーユルヴェーダの医者（ウェダ・マハッテヤ）がいたし、町中に薬を売る店もあった。アーユルヴェーダは、スリランカ社会のすみずみにまで浸透しており、村落規模の社会にもアーユルヴェーダの医者が何人かいる。この医療を統括する民間医療省は当時厚生省から独立したばかりであったが、この国におけるアーユルヴェーダ医学の重要性を物語っている。事実、日本など外国の援助でたてられた西欧的病院は、さほど実用に役立っていないのに対して、アーユルヴェーダ医はどこでも繁盛していた。

超自然的、外因的な禍とされるものには、呪術、儀礼で対応する。ここでの禍にはそれぞれ、影響を及ぼしたと考えられる超自然存在が対応している。たたりの原因になるのは、神祇の怒り、夜叉（鬼）、餓鬼（亡霊）、邪術、悪意の視線や悪口、儀礼行為における過ち、星辰の悪影響、それに悪い業による禍などである。西洋医学でも伝統医学でも解決できない場合には、その原因を超自然的な力に求め、職能カースト、ベラワーによる儀礼的な対応に頼ることになるが、それでも解決がつかないとき、人の運命は天界の動きに委ねられる。災いはまさに、悪い星のもとにあるときに起こるとの解釈である。

シンハラ社会の星（星辰）への信仰は、占星術的知識に基づく神格化された九惑星（ナワ・グラハ）への信仰を中心に、天界の動きを規準にした時間を軸とする宇宙論から構成されている。星辰信仰は、人間に対して直接的、個別的にではなく、抗えない運命、宿命として現れる。したがって、直接その力を獲得したり除去したりすることはできず、せいぜいそれを助長したり緩和することができるだけである。信仰の対象とされるのは、つぎにあげる「九星神」であり、これらはヒンドゥー教における九星神信仰と同じである、というより、インドからスリランカに持ち込まれたものである。七曜に対応する最初の七星のほかに、龍の頭と尾の二つの星が南インド的特徴で、じっさいは日食と月食にそれぞれ対応している。

ラウィ（日）、チャンドラ（月）、クジャ（火星）、ブダ（水星）、グル（木星）、シュクラ（金星）、サニ（土星）、ラーフ（龍頭）、ケートゥ（龍尾）

わたしも村にいたときに、占星表をつくってもらった。棕櫚皮に鉄筆のような先のとがった道具でいろいろと書いてある。実は、自分の生年月日を何時何分まで言わなければ正確な運勢は見られないようなのだが、あいにく分刻みの時間は分からなかったので、少し食い違っている恐れはある。細かいことはよく分からなかったが、ともかく、自分は生まれたときに土星に支配されていて、あまり幸運ではなかったが、五十歳で金星のもとに入るので運が向いてきて、六十歳で太陽になるといわれた。この太陽というのがいいのか悪いのか、いまだによく分からない。それにつけても、こ

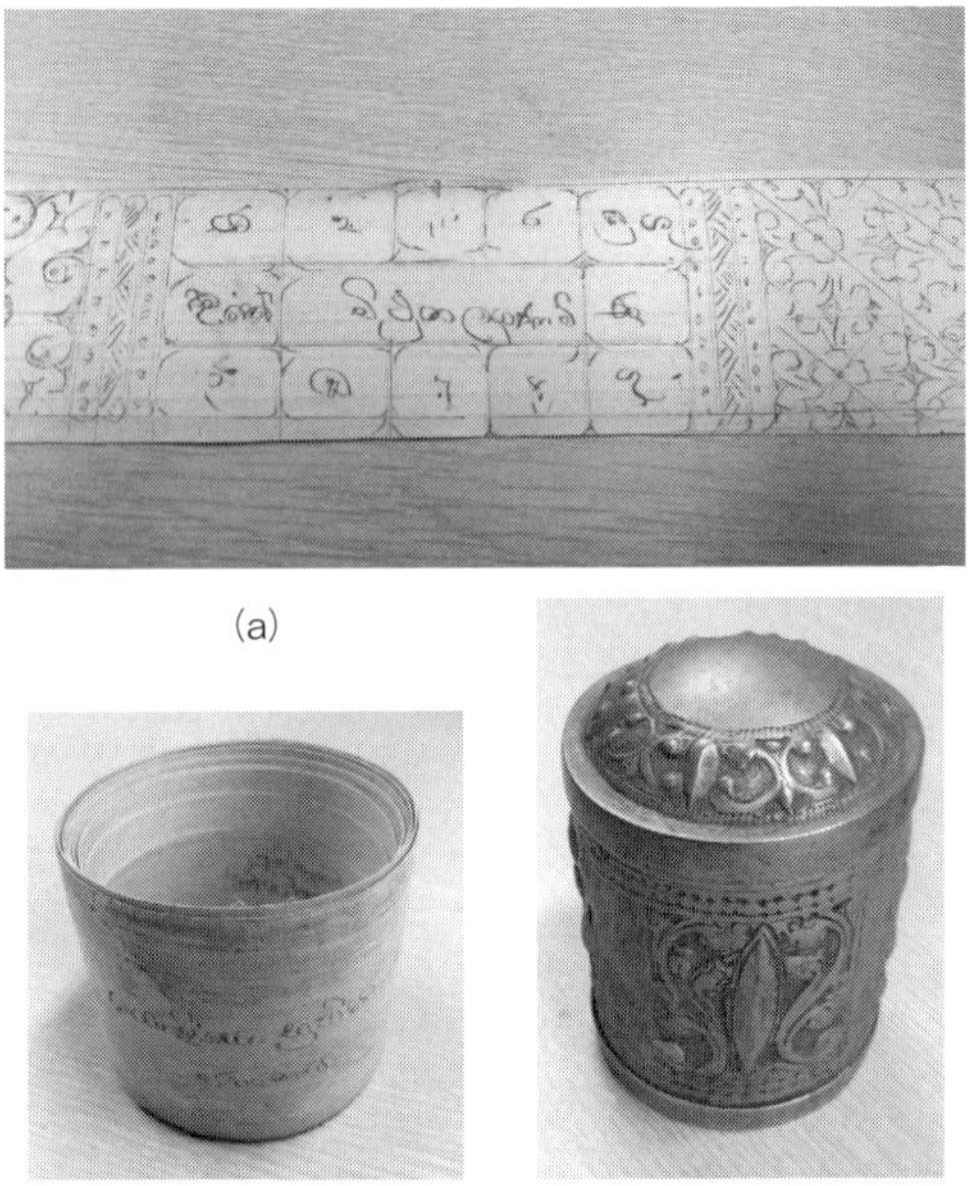

(a)　(b)　(c)

写真29　わたしの占星表。正式に作ってもらったので、なかは棕櫚皮に鉄筆のような道具で記されている。それを丸く筒状にして (b)、表面が細工された真鍮のケース (c) に納められている。(1983年)

ここにも運命論が顔を出している。

ベラワー・カースト

わたしの調査全般を手伝ってくれたのは、ベラワー・カーストの青年Pであった。村には何軒かのベラワーの家族が住んでいたが、本来の職業である太鼓叩きや踊りをやっているのはこの家族だけであった。ただ、この青年と知り合ったおかげで、調査は宗教儀礼研究という面で大きな進展を見た。このカーストは全国に散らばっており、また親戚関係も深い。そして、このカーストの技芸の伝承には、村外の師匠のもとでの修行が欠かせないからである。そのため青年Pの親戚筋の、当時最も信頼のおけるベラワーであったハーリスパットゥワ県ティッタパッジャラ村のスランバー師にいろいろなことを教わることができた。そして、ベラワー・カーストは、仏教伝統からも、また西洋医学からも裏街道扱いをされている呪術的知識を持ち、またそれに基づいた儀礼的実践を仕切っている。この青年のおかげで、一見すると見えない社会の裏側も体系的に知ることができたのも望外の幸運であった。

ただし、奥義を知れば知るほど、日本人の自分がどこまでそれを公開していくべきなのかについて、大きな迷いがでてきた。というのは、ある外国人研究者が知り合いの師匠のところにやってきて、そこで自ら踊りの修行を積み、かなりのレヴェルまで達したが、そのあと、この人びとがもっとも重要視する儀礼について、勝手に本を書いたことで師匠連を怒らせていたからである。この研究者は五年ほど修行したが、正式の手続きを踏んでいなかったうえに、師匠連に無断で本を出版し、また弟子をとっていたことが問題になった。師匠連は、外国人が修行を積んだことは誇りにしていたが、そこまで踏み込まれるとは思っていなかったようである。わたしは実技は習わなかったものの、当初から調査で知った秘密はあまり表に出さない方針を採った。

ベラワー・カーストは呪術的な信仰を一手に扱うカーストである。ベラワーは、ベラ者というような意味で、太鼓を叩くことが第一の仕事であり、この太鼓を叩く行為そのものが呪術的効果をもっている。じっさいベラワーは、仏教僧侶による仏教的儀礼以外の神霊を対照にした儀礼をもっぱら執行するほか、人が生まれたときに占星表をつくり、時の吉凶も見る。ほかに踊りを職能とするオリー・カーストもあるが、低地に多く分布していて、ウダラタ社会ではベラワーとの区別は曖昧である。

ベラワーには、内部の区分がいくつかある。とくにウダラタのベラワーと低地のベラワーとは、使っている太鼓も、また主な仕事も異なっている。低地のベラワーは、祓魔儀礼が中心で、太鼓も「鬼ベラ」(ヤク・ベラ)という専門の太鼓を使う。これに対しウダラタのベラワーの代表は、みずから「ナカティ」を自称するベラワーである。これは明確なカーストあるいは亜カーストとまではいかないが、自らは他のベラワーとの違いを強調している。このナカティのベラワーのもっとも重視する儀礼が「コホンバー・カンカーリ」である。それは、ナカティの人びとの存在そのものを規定する儀礼である。ナカティはまた、自ら唯一、結婚式の際などの「吉祥太鼓」を打つことができるカーストであることを自認している。これは誰もができるというものでなく、とくにこの集団の特権とされている。

コホンバー・カンカーリ儀礼は、ウダラタの儀礼の幕の内弁当というべき性格をもっており、儀礼の中にナカティが継承すべき伝統が集約されている。それは、太鼓と踊りの技術はもちろんのこと、儀礼の時期に関する吉凶をみる占星術の知識、神祇を鎮める祭壇・神棚の装飾などの芸術的知識、さらには、すぐれたベラワーがどのような人となりであるべきか、などについてまで、すべてが朗誦される詩頌(カウィ)のかたちで伝承されている。とりわけ儀礼の中に含まれる踊りと太鼓のさまざまな種類は、この人びとが習得すべき知識のすべてを含んでいる。

一般に、ベラワーの儀礼その他に関する特権的な知識は、祖父から孫へという隔世代関係によって継承される。これによって知識が特定の家筋に伝承されるとともに、若い者は近しい親戚の優れた師匠を頼んで内弟子となり、身の回りの世話をしながら少しずつ知識を「盗む」かたちで修行を

写真30　コホンバー・カンカーリ儀礼の本番。夜８時ごろから始まり、踊り手、鼓手ともに夜を徹して叩き、踊る。中心になる師匠は、ほとんど出ずっぱりなので、かなりの重労働である（上)。準備は前の日から始まっており、神々を勧請する祭壇を造ってお供えをする（下)。(1986年)

写真31　最終日の昼間に、主に観光客向けに象の行進が行なわれる。写っているのは、スリランカの仏教の象徴である仏歯を戴いた象である。仏歯を運ぶ象は格が高く、おとなしく頭のよい象が選ばれる。(1986年)

する。このような知識を伝承している家筋は外部のものから村名で知られていた。親しくさせていただいたティッタパッジャラ村の大師匠は、単にティッタパッジャラと呼ばれていたが、これは個人名でも地名でもなく、この村の大師匠が連綿として継承してきた伝統への敬意をこめた尊称である。

すでに研究書では、ベラワーの故地が南インド、ケーララ州であることが指摘されていたので、あえてそのことを師匠に尋ねてみたことがある。大師匠はそのとき、頭の中で何かを思い出しながら、ストーリーを語ってくれた。それは、儀礼の中で語られるストーリーそのままで、写本から翻刻された本で読んだことがあった。本来その知識は口承で伝えられ、外部に流出することはなかったが、植民地支配の洗礼をうけて、知識の独占がくずれていた。われわれのような外部者は、そのおかげで知識を得たのだから、なんとも皮肉な話しである。

かつてはこのような知識の伝承について厳しい規制があって、踊手も鼓手も一人前と認められるまでに長い時間がかかり、その間は正式の衣装はつけられなかった。コホンバー・カンカーリ儀礼の二日めの早朝に「見習」のための一種の発表・試練の場が設けられている。また、ほかの儀礼過程の中でも、全員で踊る際にまず先頭に上手がたち、後ろの者はこれを順次模倣しながら次第に下位の者の踊りに移って行く。こうして、若者は自然に上手の技を覚えることができる。さらに、このような知識は基本的に、韻文で唱えられる詩頌《カウィ》のかたちで口承で伝授されている。ただ、こうした知識が次第に失われているのも事実である。

コホンバー・カンカーリ儀礼の中で踊手のつける衣装「ウェス」についても、とくに厳しい規制がある。この衣装は、儀礼を初めて主宰した王の衣装に由来すると伝えられている。ウェスの衣装は注意深くカバンに納め、神祇を扱うような慎重さが要求される。踊手は原則として二十九歳までは見習いの地位に甘んじなくてはならず、その後師匠が認めた場合に限り、ウェスをつけることが許される。この時、仏教寺院においてちょうど仏教僧侶の得度式のように、親戚一同を集めての儀礼が行われていたという。

要するにウェスをつけることは単に一人前の儀礼執行者の資格を得るというだけではなく、むしろナカティの正式成員として認知されるための「入門式」の性格を持っている。さらにこの儀礼は、仏教僧侶の得度式のような形式を踏む。ナカティの存在証明としてのコホンバー・カンカーリに関する知識はこの集団に独占されるのを原則としており、他カーストの成員がウェスをつける時にも、ナカティの師匠の許可が必要であった。これは現在そのまま実行されているとは言いがたいが、しかし本当はそうしなければならないのだという認識が、とくにナカティの間には強く見られる。先に述べた外国人研究者がらみのトラブルは、まさにこうした理念と現実の狭間に起こっていたのである。

このような、儀礼に関する体系的知識の独占が崩れたのは、一九一六年からのキャンディ・ペラヘラ祭への導入以後のことである。ペラヘラ祭については先述したが、ともかくこれから踊りの知識などがベラワー以外にも広く普及するようになり、正式の手続を踏まない踊手などが増加して、ベラワーの特権が根本から脅かされる結果になってきている。また、次第にスリランカの伝統文化として、学校教育などにも取り入れられるようになり、もともとあったタブーなどがどんどん曖昧になっている。

さらに、一度コホンバー・カンカーリや祓魔のバリのような大きな儀礼が行われたら、主宰者には十ないし十二年周期でそれを繰り返すべき義務が生じ、これを怠ると何らかの不幸が起こるとされる。しかしこれは、とくに植民地化あるいは独立ののちの経済構造の変動などによって人びとの意識が変化したこともあって無視される傾向にある。周期性は省みられることなく放置され、新たな儀礼が散発的に行われるにすぎない。さらに現金経済が浸透し諸物価が高騰する中で、かつては現物の交換による相互扶助によって掛かりがまかなわれていたものを、すべて現金で購入しなければならなくなった。その結果主宰者の負担は莫大なものとなり、儀礼の機会は一層少なくなってきている。このような儀礼自体の衰退は、神祇や鬼霊への信仰を「迷信」として排除するような合理的思考によって拍車がかけられている。

一方、僧侶が主催するピリット儀礼に参加するベラワー・カーストは、もともと寺院所有の土地の保有権を与えられるかわりに、基本的には僧侶の三度の布施供養時の合図の太鼓をたたく義務を負うた者である。これは、王国時代の「王役」（ラージャカーリヤ）制度のもとで、ベラワーに与えられていた職務であった。現在でも、寺院所有地が残っている場合には、その保有を許されているベラワーが、一日三回の布施供養時に太鼓を叩くほか、ピリットなどのときにへーツィシ（小太鼓・二つ太鼓・笛）を奏する義務を負うている。また、吉祥太鼓もこのベラワーが叩くことになっていたが、当時でも村落ごとにベラワーがいるわけではなかった。わたしの村では、寺院所有地を保有しているベラワーが吉祥太鼓を叩き、以前に保有していた村外のベラワーがへーウィシを奏していた。当時も徹夜ピリット儀礼や結婚式には吉祥太鼓が欠かせなかった。

ベラワーは、土地保有の小作人として、寺院に対して一定の義務を負うが、一方、儀礼の過程では、「時間の管理者」として重要な役割を果たしている。僧侶が行う仏教儀礼も、ベラワーの参画なくしては存立しない場合が多い。後に述べるように、寺院の僧侶が執行するピリット儀礼にはベラワーの関与が不可欠である。これに対して、俗人によるピリットなどの多分に非正統的な儀礼にはベラワーは関与しない。こうして、王国時代の遺制を残す儀礼では、ベラワーの「王役」の名残りをとどめていた。逆に、ベラワーが直接土地を媒介にしない場合には、一種の芸能人として儀礼に参加することになる。

憑依する職能者

ある時期から、助手の青年Pがアルバイトがわりに参加していた呪術的儀礼に同行させてもらう機会が増えた。シンハラ社会において、憑依状態をともなう悪霊祓いを行うシャーマン的職能者には、ベラワーのほかに特定のカーストに帰属しない独立した職能者もあった。ベラワーの行う祓魔儀礼は正統的と目されている。ウダラタ社会における祓魔儀礼の場合、さかんに憑霊をともなう悪霊祓いのトウィルを行う低地のベラワーとは根本的に違っている。だから、ベラワーの執行する悪霊祓いのフーニヤン切りに憑霊はあらわれない。ナカティ集団はとくに、祓魔・憑霊の知識を持ってはいるが、じっさいにそれを行うことは好まれない。

青年Pのアルバイトに同行した限りではあるが、調査村の周囲で七人ほどの非ベラワー職能者に会うことができた。このうち四人（男三人、女一人）は村とは言ってもいわゆる開拓村の居住者であった。開拓村は、シリマウォ・バンダーラナーヤカ首相時代に、五十エーカー以上の私的所有地を没収し、さらには未開墾地の開拓も含めて、貧者層に与えられた。表のうち本村から転出した者（B、E、F）と外部からの婚入者（D）がそれにあたる。

表6　調査村周辺のシャーマン的職能者

職能者	年齢	開業	性別	住居	特徴
A	40代	1970年代	女性	本村	家庭不和（?）
B	40代	1980年ごろ	男性	開拓村	盲目
C	40代	同上	男性	本村	Bの弟
D	34歳	1983年	男性	開拓村	タミル人
E	27歳	1983年	女性	開拓村	肥満（事例の鬼呪師）
F	47歳	1986年より	男性	開拓村	父親が憑依
G	53歳	1990年より	女性	本村	夫の浮気・息子の投監

この開拓村であるという点がただちに社会的周縁というわけではないが、それぞれになんらかの事情があることが、ここからよみとれる。女性のふたりのうち、ひとりは身体障害者、もうひとりは情緒が不安定な女性で、どちらもパッティニ女神が憑いたという。男性のひとり（D）はシンハラ女性の家に婚入したタミル人であった。さらに最近開業したシャーマンは、由緒あるゴイガマである（G）。この女性は息子が過激派騒動に巻きこまれて入獄していた時期に憑依したという。

これらの人びとの出身地などを表6に列挙しておく。年齢は一九八六年当時を規準にした。カーストについては調査がおよばなかったが、すべてベラワー・カーストでないことだけは確認している。

憑依する職能者は、なんらかの理由によって霊力をえたのち、力をきたえるためにスリランカ全土の有名な神社をめぐりあるく。そのなかには島の北西部にある有名なムンネースワランなどのタミル・ヒンドゥー社、あるいはパッティニ女神が憑依した女性職能者の場合には、コロンボの近くにあるナワガムワのパッティニ

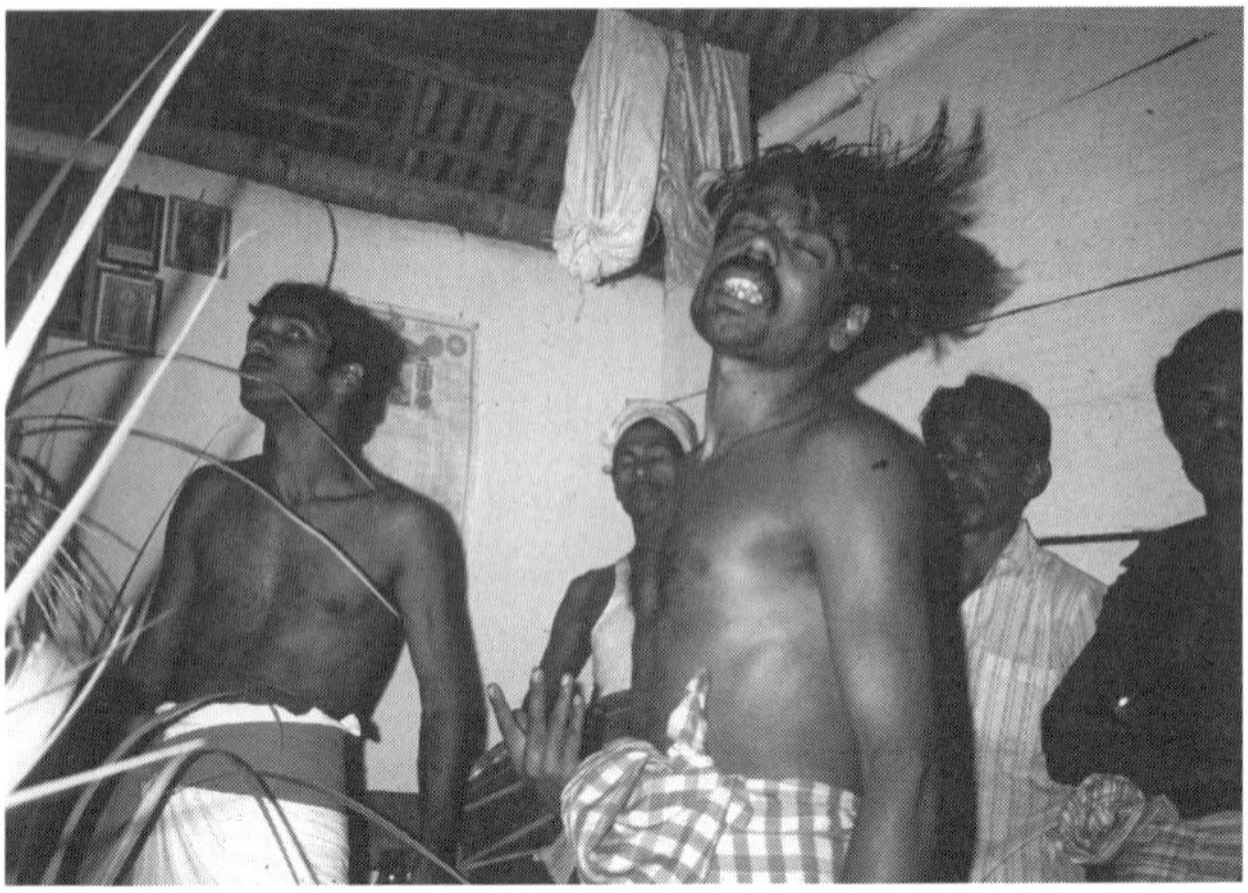

写真32　太鼓の音に合わせて憑依状態に入った職能者。太鼓の音は人の三半規管のバランスを崩す役割を持つが、それとともに、頭を激しく振ることで、トランス状態にはいることができる。(1985年)

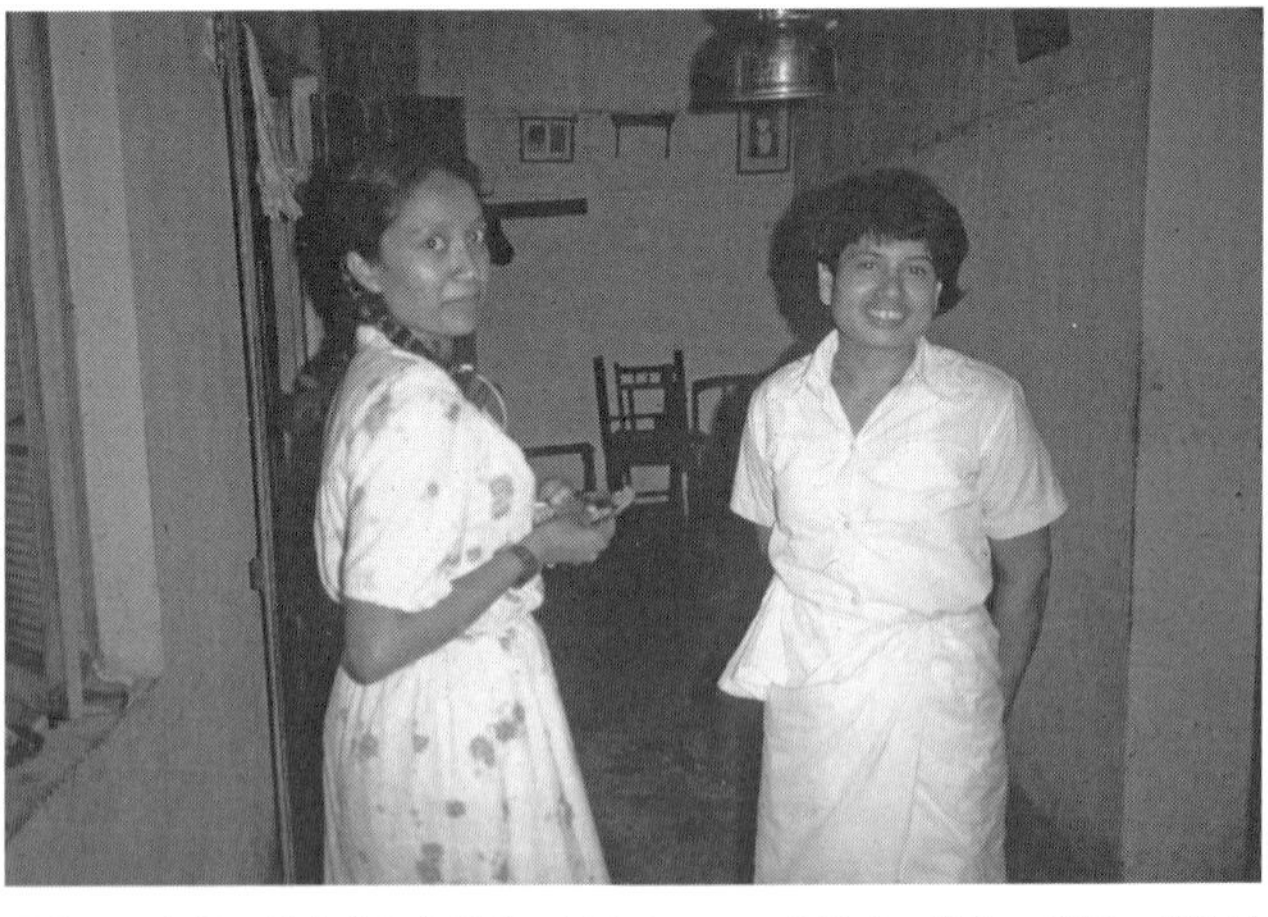

写真33　女性の職能者と依頼者の娘さん。この女性は、仏教の祝福の儀礼ピリットの一環として憑依状態に入る。女性は俗人のピリットの呪術的な部分を強化するために憑依し、祓魔効果を強化していた。(1985年)

本社、などが含まれている。また、諸祭礼に参加してここで私的に憑依して踊りながら、しだいにその技芸をきたえるのである。この場合、ベラワーとは異って、特定の師弟関係が結ばれるのではない。

こうした素人シャーマンに初めて出会ったのは、キャンディ・ペラヘラ祭の後の厄落しの儀礼のときである。このとき太鼓に合わせて突然一人の女性がトランス状態に入った。他人事とはいえ、こうしたトランスに入るところを見ると、なんとなくこちらも興奮状態になるから不思議だ。人類学者ニーダムは、世界的に太鼓を打ってトランスに入るきっかけを与えることを指摘していた。それだけでなく、基本的に人間の三半規管のバランスを崩すような、太鼓、鉦、香、頭を振るなどの仕掛けが必要なのは共通している。スリランカでは、そのきっかけは太鼓のリズムで、鼓手のベラワー・カーストは、人がトランスに入りそうになるのを見ると、独特のリズムを刻み始める。そして、トランスに入った人をひとわたり踊らせるのである。ベラワーはこうした技能をもつ専門家である。

素人シャーマンは、一定の修行を終えたのちに、ウダラタ地方では古都マハヌワラにあるヒンドゥー社ガナ神社に、一九八四年当時で三五〇ルピー（約三五〇〇円）、一九九三年には一五〇〇ルピー（約六千円）を払うと「パッティニ女神の足環」を下賜され、それによって職能者として営業することが認可されるのだといわれた。また、シャーマンとしての収入はガナ社と折半するとも聞いた。ただ、残念ながらこの神社でじっさいに営業許可をもらうところは見ていない。

ここで、シャーマンがシンハラ仏教神社でなく、ヒンドゥー社と関係を結んでいる点が特徴的である。これには縄張りのようなものがあるわけではないが、シャーマン的職能者として認知され、権威づけられるということが大きいようである。スリランカのシャーマニズムは仏教とヒンドゥー教とがうまく融合して出来上がっている。その現世利益的な面はヒンドゥーが担当し、これを権威づけて来世の幸福を願うのは仏教の担当である。その面で、こうしたシャーマンの存在は、両者が密接に共存しているスリランカに特有の形態だということができる。

ともかく、私的なシャーマン的職能者といえども、まったく自由に「開業」できるのではない。シンハラ社会においてシャーマンとして開業するには、ヒンドゥー社のお墨付をもらうだけでは不十分であり、儀礼の技術に関しては、どうしてもベラワーの知識に頼らざるをえない。たとえば、Gの女性の場合には、ほとんど毎日隣村のベラワーが一山越してやってきては補助をしていた。そこではもちろん、ベラワーの知識を与えたり、儀礼の際の太鼓を担当したりするのである。逆に、この点に関して、とくにヒンドゥー社の職能者などが指導するということは聞かされなかった。

ただ、鬼霊を扱う儀礼に対しては、とくにベラワー・カーストの場合屈折した関係にある。ティッタパッジャラ村のスランバー師などによれば、とくにナカティの人間が人に災いをもたらす邪術を行うというのは決して好ましいことではなく、そのかわりにベラワー自身が、憑霊を伴わない整備されたフーニヤン切り儀礼をもっているのだという。ただ、ウダラタ地方でこれが行われることはほとんどないにひとしい。とはいえ、ベラワーたるもの、邪術をかける方法も、切る方法もともによく知っているのは当然である。要するに、みだりに邪術をふりまわすことがご法度なのであった。じっさい青年Pは学校の用務員はしているものの、生活は困窮しており、薛でこうした禁断のアルバイトをしていたのである。

青年Pに限らず、ウダラタ社会においては、シャーマン的職能者の活動は、あまり表だってはみられず、いわば裏の稼業として行われているのが現状である。この点で、シャーマン的職能者による悪霊祓い儀礼が、公的な場でも行われる低地シンハラ社会の場合とはいささかおもむきをことにしている。とくに裏の稼業にもときにベラワーの参加が要請され、たとえばD氏の執行になる邪術では、ベラ太鼓に合わせて踊りを踊り、祓魔を行っていた。また、頭を振っておどるのは、年をとってからは大変なようで、F氏などはひとわたり踊ったあとで、「あーしんど」などといって胸を押さえてしばらく休んでいた。ともかく、こうした呪術は夜中に辺鄙など

写真34　病気がちの高齢の女性の厄を祓うバリ儀礼の依頼者。ピリットは紐でつながれた仏から人へと福を導くが、バリは人から人形に紐を通して厄を移す。（1985年）

ころで行われるので、何となく不気味であった。

あるとき、こうした呪術が双方でかけられていたようで、その一方のほうに行った帰り道、呪いの猫の頭がおいてあったのには本当にぞっとした。猫の頭は邪術のときによく使われる。元のところに戻ってこないように、道が分岐したところなどにおく。その上、家は開拓村にあり、儀礼が終わったのが夜中の一時ごろで、暗くさびしい道のりを自分の村に帰ろうとしたときである。残念ながら青年Pはわたしがスリランカに行かなくなってほどなく早世してしまった。裏稼業のせいで何らかの祟りがあったのかもしれないと真剣に思っている。

3　仏教の支配——お坊さんとつきあう

スリランカの村には仏教寺院かヒンドゥー寺院か、ともかく寺院というものが必ずある。ムスリムやクリスチャンが多い村であっても、仏教徒やヒンドゥー教徒向けの宗教施設はつくられている。南インドのタミルナードゥ州では、「寺のない村には住むな」というが、スリランカでも宗旨は違っても、寺院のない村には住めないようである。それは宗教が人の人生を精神的、思想的に支配しているからである。だから、新しい土地、外国などに住む場合も、できるだけ人が寄って寺院を建てようとする。そして、寺院ができてみれば、それは必ず人びとが集まる場所になる。現地調査は人の集まる場所、人の集まる機会を捉えようとするので、当然寺院での行事は最大のチャンスである。したがって、わたしもまずは寺院を訪れるところから始めたし、寺の小坊主の手引きで、お葬式に出っくわすチャンスも生まれた。

仏教寺院では、基本的に僧侶は釈尊仏陀の像を対象にした、（一）毎日三回の仏陀供養と月四回の布薩日（満月・新月・半月）の仏陀供養、満月の夜の菩提樹供養、そしてそれらに付随する布施（ダーナ）、説教（バナ）、（二）葬送儀礼における、埋葬・七日目の説教と餓鬼供養、三月目めおよびその後主に年忌ごとに行なわれる供養のピリット儀礼、（三）店の開店などさまざまな機会に行われる呪術的なピリット儀礼、などが行われている。

写真35　中央高地の古都マハヌワラ（キャンディ）では、毎年7～8月の満月の日までの15日間ペラヘラ祭が行なわれ、ベラワーの青年らは太鼓叩きに動員されていた。祭礼は、最後の数日がクライマックスで、飾りつけた象の行進や、キャンディアン・ダンスと呼ばれる踊りで多くの観光客を集める。15世紀あるいはそれ以前からの伝統を持ち、王権の守護と厄払いを本来の目的としていた。(1986年)

写真36　調査村の隣のダントゥレ町の寺院では、毎週日曜日にサンデーとよばれる市が立った。寺院の前のバス通りから寺院の境内まで多くの店が並び、食料品、衣料品、などが売られていた。(1985年)

こうした宗教面のほかに、ダントゥレの寺院では毎週一回市が立っていた。「サンデー」と呼ばれていて、文字通り日曜日に開かれていた。ほかにもいろいろなところで市が立つが、曜日に関わらずサンデーと呼びならわされているようである。それほど大きな市とは言えないものの、店は寺院の敷地だけでなく、前の道路まで店が拡がっていた。そこには日用品雑貨類が所狭しと並べられ、多くの人びとが買い物に訪れていた。こうした経済機能を持つのも、人が集まる宗教施設の特徴である。また、インフラの面でも先行していて、当時村で唯一の電話が寺院に備えられていた。

上座仏教と大乗仏教

スリランカの仏教は、同じ仏教でも、いわゆる南方上座部に属する上座仏教で、日本などで

写真37　ワルガンパーヤ寺院の住職は、長年の功績により位が上がり、マハヌワラの総本山で幹部総出のなか、褒賞を受けた。左手前が村の住職、右側の僧侶が当時のシャム派マルワッタ支派の最高幹部である。（1986年）

行われている大乗仏教とは大きな違いがある。教義はともかく、見かけ上の大きな違いは、僧侶が出家することの意味である。スリランカの仏教では、「出家」とは文字どおり家を出て、それまでの社会的なつながりを断つことを意味する。出家の儀礼を得度式というが、おおむね十歳前後の少年が式に臨むことが多い。得度した見習い僧は、それまでの名前（俗名）を捨てて僧としての名前（戒名）をもらう。少年は師のもとで何年かの修行を経た後、具足戒をうけて正式の僧侶（比丘）になる。

戒名といっても、日本のように亡くなってからもらう名前ではなく、基本的に出身村の名前と、僧侶としての名前を組み合わせてあり、何何村のなんちゃら、という按配になる。有名な仏教改革者ミゲットゥワッテー・グナーナンダ師は、ミゲットゥワッタ村出身のグナーナンダ

写真38　バスを降りる少年僧。僧侶が外出するときはきまって傘を持って出かける。また、バスの運転手の後ろの席を必ず開けてもらって座ることができる。前の白いかぶりものを着けているのはムスリムである。(1983年)

である。出家した僧侶は、育った家庭を離れて、師と頼む僧侶のいる寺院に住みこみ、そこで生活を送る。仏教寺院は、出家した僧侶の生活の場である。したがって、禁欲的な生活を強いられるとはいえ、飲み食いを省略するわけにはいかない。そのため、食事を得るためにいろいろな仕掛けがある。とくに、供養（ダーナ）を受けて功徳を返すという交換関係で、宗教的な理屈づけを背景に日々の糧を得ることができる。

出家した僧侶は、俗事にはかかわらないのが原則である。したがって、仏陀に現世利益をお願いするのは筋違いで、あくまでも来世の幸運を願うだけになる建前である。さらに、前節のような、神祇や悪霊に対する現世利益的な儀礼を、直接行うことがかたく禁じられている。ただし、出家した僧侶は同時に強い霊的なパワーを持っていると信じられており、ときには神職などを兼ねる場合もある。

ただ、このときはあくまでも神職として機能しているとみなされて、僧侶が神供養を行っているという解釈はなされない。厳密な場合には、僧侶が黄衣のうえにたすきをかけて僧侶の立場ではないことをことさら表現することさえある。その反面、僧侶は人を呪う力も強いと思われているので、仏罰とは少し違った制裁を受けるとも信じられている。この建前と本音の使い分けは、やはり現世利益のために呪術的な力を使うことのあるキリスト教の神父などにも共通している。

森の仏教と村の仏教

この地域の村は大体、王立大《ラージャマハ》寺院という大層な名前をもつ寺を抱えている。ワルガンパーヤの寺院も、スリー・アバヤラージャ（アベーラージャ）・ピリウェナ王立大寺院という正式名称を持っている。ピリウェナというのは日本でいう寺子屋にあたる。隣の町ダントゥレにも由緒ある寺院があり、ダントゥレ・プラーナ王立大寺院という。スリランカの寺院と村との関係は、ほぼ一村に一つの寺があるというのが基本である。これはインドの村落の多くに複数のヒンドゥー寺院（祠）があるのとは異なっている。それだけ仏教に一元化されているということである。

同じ仏教といっても、スリランカの仏教には、森の仏教（林住）と村の仏教（村住）との二つの存在形態がある。上座仏教の教義から見て、森の仏教が正統的であるが、じっさいは妥協の産物ともいえる村の仏教が常に主流であり続けてきた。そして、僧団になんらかの危機が訪れると、常に森の仏教から村の仏教への批判が澎湃《ほうはい》として沸き起こり、論争が繰り返されてきた。それはすでに二千年にも及ぶ歴史を持っている。

森の仏教は、上座仏教の伝統を忠実に遵守して、僧侶が人里離れた森の中に庵を結び、自己の修行に励む類の仏教のあり方である。正統的な仏教の伝統に棹さしているとはいえ、林住の僧院はスリランカの仏教寺院全体の一割にも満たない。これに対して、村の中に寺院をつくり、村の人びとと日常的につきあいをもつ村の仏教が圧倒的多数をしめている。村の人びとは、何かにつけて、こうした村の仏教寺院とのかかわりを持ちつづけている。ここには、出家することによって、建前上現世を離れた僧侶も、生身の人間として生活をしなければならないという、理論上の矛盾がある。そのために、布施と徳の交換という概念装置を繰り出さなければならなかったのである。

村の仏教に分類される寺院は、当時スリランカ全体で二万に近い数にのぼったが、そこで生活する僧侶も千差万別であった。わたしの村の周囲の寺には、どういうわけかあまり感心しない行状の僧侶がめだち、真面目な人間を驚かせるようなことばかり起きていた。ある僧侶は、名刹の住職というありがたい身分にありながら、あろうことか女性に走って寺から失踪し、半年ほど行方不明になるという事件があった。件の僧侶は、しばらくしていつの間にか帰ってきて、もとの鞘におさまっていた。その寺の若い僧侶とは、親しくつきあっていたのだが、部屋をピンク色に統一し、わたしにも秋波を送ってくる危い僧侶だった。ただ、この僧侶は大学を出たインテリで、バスで二十分ほどのピリマタラウワにある仏教学校の先生であった。

わたしと同じ頃、同じ家に泊まっていたデンマークの人類学者が、コロンボに近い僧院にしばらく滞在して、いわゆる林住の僧侶の生活を体験してきたことがある。こうした体験ツアーは、とくに瞑想好きの欧米人相手に八〇年代から流行し始めていた。欧米では、仏教に関して瞑想のイメージが強いが、日本人の鈴木大拙などが英語を通じて広めた禅仏教（Zen）の影響が非常に大きかったことがわかる。この瞑想にはしるキリスト教徒というオリエンタリズムは、そののちの自分の研究の中心におかれることになった。一九八五年当時、この体験ツアーで一日八十ルピーとられたのだそうだ。八十ルピーというと、結構な額であるが、おばあさんなどには、禁欲、瞑想が目的なので、ろくすっぽ食事もとらずに日がな一日座っていて、なぜそんなお金を払うのか全く理解できなかったようである。

一方、止宿していた家のおじいさんは、よく僧侶をコケにするようなジョークをいってわれわれを笑わせていた。坊さんといえども男（雄）であり、禁欲的な生活でかえって煩悩を押えきれず、マハヌワラの町まで女性を求めて出かけることがあるという。ふだんの法服では目立つので、ふつうの服に着替えて、頭はほっかむりをして、夜陰に乗じて出かけていくのだという。そのほっかむりの仕方話がおかしくて笑い転げたものである。当時マハヌワラには湖から東に行く道外れの藪のあたりにそのような女性が出て、相場は一ルピーだと言われたが、時間の単位はたしか十分だったようにおぼろげながら記憶している。

わたしの村の寺院は、村の人が寺を軽視するどころか、かえって寺にやってきては食べ物をたかったりするので住職がいやけがさしていた。隣村の寺院が売りに出ていたのを幸い、これを買って若い見込みをある僧侶を引き連れて移っていってしまった。残された僧侶は、お経も満足に読めないような者ばかりで、そのうちの一人は兄弟が宝くじにあたったので還俗して僧侶をやめてしまった。村の寺は由緒ある歴史を持っているのだが、その荒廃は目に余るものがあった。八〇年代末には近隣の同系の寺院から住職がやってきて、改革に取り組み始めた。寺を食い物にしていた人びとを排除するとともに、新しい本堂の建築に乗り出し、寄付を集めようとしていた。残念なことに、村の人びととの反応は鈍く、十年経っても一向に埒が明かなかった。それが突然解決したのは、皮肉なことにＪＶＰのおかげであった（一章参照）。

わたしたちは日本の仏教の現状を知っているので、なまぐさとよばれる僧侶がいても不思議ではないと寛容な態度をみせることはできる。しかしスリランカの仏教は、村の仏教だからといって、簡単には赦してもらえない。というのは、日本の仏教界からも、あるいは欧米の仏教に関心のある人びとからも、スリランカの仏教は特別なものとみられているからである。スリランカの仏教が現存する仏教の中ではもっとも釈尊仏陀の時代に近いものとして高く評価されている。そのため、正統的な仏教を求めてスリランカにやってきて、村の仏教の実情を見た日本や欧米の僧侶などが、「これは本当の仏教ではない」などと憤慨するのによく出会うが、まことにもって余計なお世話である。

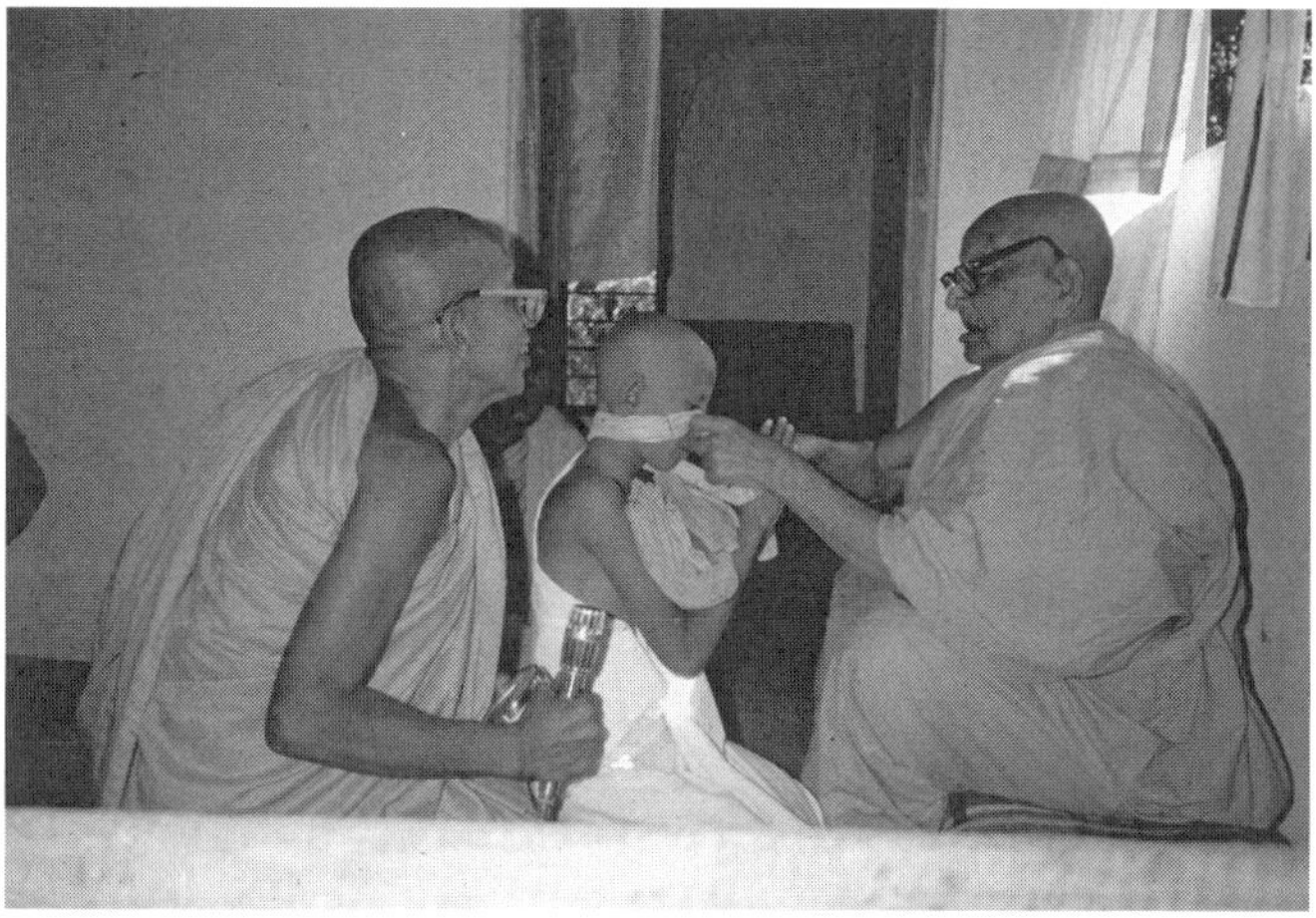

写真39　得度式の少年。得度式は見習い僧として出家するための儀礼で、出家の手続きが終わると親子関係は社会的に断たれる。そのあと母親が僧侶としての息子に贈り物をする。（1985年）

要求できない人びと

スリランカの仏教では、十歳前後の少年が、見習いの僧侶になるための得度式をあげて、師匠と頼む住職の寺に住み込んで修行するのがふつうである。スリランカの「出家」の厳格さは、タイのように一時的に僧侶になってまた俗世間に戻るような一時出家制度をもつところよりもはるかに徹底している。いったん出家した僧侶がもし何らかの理由で還俗した場合には、再び僧侶に戻ることはできない。いったん得度した子供に対しては、親といえども僧侶としての敬意を払わなければならず、親子の感情は見かけ上はすべて捨ててしまわなければならない。

得度式ではこうした親子関係から僧侶—俗人関係への転換が剃髪によって明確に示される。子供が親にこれまでの恩を感謝した後、

写真40　得度式を終えた少年（右）に、実母（左）が贈物を供えて敬意を表わす。(1985年)

髪を剃る。そのあと両親は出家した子供に対して、足元にひれ伏して尊崇を表現し、贈物を送るのである。その転換は非常にドラマチックで、また涙を誘う瞬間でもある。例のピンクの部屋にいる僧侶が、一緒に実家に行かないかと誘ってくれたことがある。わたしは僧侶と一緒に椅子に腰掛けて食事をご馳走になった。対応してくれたお母さんは、ずっと立ったままで息子と話しをしていた。ことばづかいも母子のものではなく、終始俗人が僧侶に対して使う尊敬語であった。髪を剃るというのは、そのような意味を持つ手続きである。

還俗して俗人になった僧をヒーラルワという。修行が厳しくて落伍したという例はあまり多くなく、当然女性とデキてしまったというのがお定まりである。女性が日陰者で我慢していれば、還俗しなくてすむが、子供ができて結婚を迫られるとそうはいかない。このあたりは、どこの世界でも同じである。ヒーラルワは、当然落伍者としての不名誉はあるものの、ある意味尊重されているところもある。一応出家して基本的な修行はやっているので、お経の知識はある程度持っており、俗人が行う仏教儀礼（ギヒ・ピリット）のときなどに呼ばれることもあるし、そのほかにも物知りとして重宝がられることもある。

出家者は俗世の煩悩を捨てた修行者の扱いをうけるので、家族、財産などをもつこともできないし、ほかの人になにかを要求してもいけない。そうはいっても僧侶とて欲しいものはある。そうしたときには非常に回りくどい要求の仕方をしなければならない。わたしが持っているボールペンを欲しがった僧侶は、何と言ったのか。このようなものはスリランカにはない、とパーリ訛りのシンハラ語で、暗に要求していた。また、村の住職がたばこを吸おうとして、ちょっと火を貸してくれないか、といったときに、「ヤア、坊さんが要求してらア」と囃したてたものである。

こうした建前がある中で、生活者としての僧侶が、みずから生産活動をすることが禁じられている、という点が決定的な意味をもっている。僧侶といえど生身の人間として生活するためには、必ず他人に頼らなければならないのだ。そこから、まことに複雑な教義やら、実践やらが派生してくることになった。森の仏教と村の仏教との違いも、つきつめれば、建前として生活者であることを捨てたはずの出家者が、みずから人に要求することなく、いかに食べ物にありつくか、に根源がある。森の仏教は、自然に得られるものと篤志家の好意とに頼るのに対して、村の仏教は村人との交流を通じて制度的に食物を得る。要するに、そこに「托鉢」か「布施」かの根本的な違いがある。

生産を禁じられている僧侶の生活を保証する制度が「布施」である。日本で（お）布施といえば現金というのが相場であるが、スリランカでは布施といえば基本的に食べ物のことである。僧侶はかつて「托鉢」に歩いて食べ物を得ていた。今でも、タイの僧侶の托鉢はマスコミの話題になることがある。スリランカでは、雨季の八月から十一月ごろまでの三ヶ月間は、外を歩くのが大変なので、村の人びとが食事を届けることが許されていた。これを「雨安居」とよぶ。わたしの村は比較的大きな村だったので、各家庭に二ヶ月に一度食事当番が回ってくることになっていた。周期は一ヶ月に一度のところもあって村の大きさや貧富の差によってまちまちである。村では正規の雨安居の期間に、特別に村の人から広く食事・食料を集める風習も残っている。いまのスリランカの僧侶は、座っていれば年中食事あるいは食料にありつけるようになっていて、いわば年中「安居」の生活をしていることになる。こうした布施による食事の確保に対して、僧侶から授けられるありがたい返礼が「福徳」である。

僧侶は、葬式や法事のとき、とくに没後三ヶ月目の徹夜の法事の場合などには、若い僧侶は夜を徹してお経を読まなければならない。こうした法事は月のうち何度かあり、遠くの村まででかけなければならない場合もあるし、僧侶の生活は案外きびしい。とはいえ、村の人びとが、僧侶とカラスは食べ物があるとどこへでも飛んでいく、などと揶揄しているのも事実である。じっさい、僧侶とカラスとの因縁は浅くない。というのは、僧侶にふるまった食べ物ののこりは、俗人が食べてはいけないことになっており、結局はカラスのものになるからである。

写真41　僧侶であれ、俗人の職能者であれ、徹夜で行なわれるような大規模な儀礼では、翌日の昼の食事が関心の的になる。この写真はピリット儀礼のあとで僧侶に食事が振る舞われているところである。(1985年)

写真42　僧侶は基本的に托鉢で食事を得なければならないが、いまでは村の人が毎日当番を決めて食事を届けることになっている。わたしが止宿していた家も二ヶ月に一回食事を届けていた。(1983年)

得度式にもあきらかであるが、僧侶個人の人格はともかく、僧侶という存在そのものにはみな敬意をもっている。ここが不思議なところだが、村の人の言うことには、われわれは僧侶個人を拝んでいるのではなく、僧侶の着ている黄色の衣を拝んでいるのだ、という。そして、僧侶は村のおばさんのアイドルでもある。僧侶は体毛を剃るので一種独特の風貌をしている。眉を剃っているので、なんとなく仏像のイメージに近い神々しいというか仏々しい印象はある。おばさんは姿のよい坊さんが「きれい」（ラッサナイ）だといって騒いでいる。わたしが僧侶の列の写真を持っているのを知って、ほしがるおばさんもあった。われわれには理解に苦しむなんとも不思議な好みである。

もちろん、数は多くないにしても、真に尊敬に値する僧侶にめぐりあうこともある。ダントゥレのさらに東隣りの村に大きなお屋敷（ワラウ）があった。このお屋敷には、寺院や使用人を罰する部屋などがあって、さすがに大地主の生活はかくやと思わせた。そこで出会った僧侶はすでに九十歳を超えておられたが、いまだ矍鑠《かくしゃく》とされていた。なによりその目が透き通っていたのには、さすが不信心のわたしも、おもわず足元にひれ伏さなくてはならない感覚に襲われた。ふだんあまりに生ぐさな僧侶ばかりとつきあっていたなかで、あらゆる煩悩を突き抜けたようなそのお姿をみて、村の仏教もそう捨てたものではないと思いなおしたものである。

菩提樹供養と日曜学校

お葬式とそのあとのピリット儀礼についてはすでに三章第1節で述べたが、村の人びとと寺院との付き合いに関して、三、四十年ほどの間に流行するようになっていたのが、菩提樹供養と日曜学校である。どちらもスリランカ仏教で伝統的に行われてきたものではなく、比較的新しい現象である。スリランカの仏教で菩提樹に対する信仰は、じつはとても古いのだが、当時のような供養のかたちをとるようになったのは、一九七〇年代からのことである。また、日曜学校は、その語感からも明らかなように、キリスト教の模倣である。しかし、いずれも現代スリランカ仏教にとっては重要な制度である。

スリランカの仏教寺院には基本的な三要素というのがある。まずは仏陀像をまつった仏殿（ウィハーラ）、仏陀の遺骨（舎利）をおさめた仏舎利塔（ダーガバ）、そして菩提樹（ボーディヤ）である。中でも菩提樹への信仰はもっとも古いものと考えられている。現在スリランカ北部の観光都市アヌラーダプラには、スリランカに初めて将来された菩提樹の木なるものがあり、人びとのあつい信仰を集めている。スリランカの寺院にある菩提樹の木は、すべてこの木から別れたものだと信じられている。

当時スリランカのほとんどの寺院で菩提樹供養が行われていた。この供養は、仏教の聖日であるポーヤの日に行われるのがふつうである。このポーヤ日（布薩日）というのは、本来は新月と満月それに半月の日をいい毎月計四回あらわれる。なかでもとくに満月のポーヤが重視され、また国民の休日にもなっているので、ポーヤといえば実質的に満月の日をさすといってもよい。菩提樹供養もこの満月のポーヤに行われることが多い。この日、信心深い人びとは白い衣装を着て寺で僧侶と

写真43　満月のポーヤ（布薩日）に村の寺院に集まった篤志の信者たち。みな白い衣装を身につけ、この日は僧侶が守るべき戒律を守って、寺院の説経場に集まって一日を過ごす。(1985年)

写真44　釈尊仏陀がその下で悟りを開いたとされる菩提樹は、聖木として広く信仰されている。とくに1970年代から動物供養なども含めた新しいかたちの菩提樹供養が全土で行なわれるようになり、それがすっかり定着した。(1985年)

写真45　ダントゥレの町の朝の通学風景。朝日を浴びながら子供たちが寺院が主催する日曜学校へと向かっている。ふだん学校に行くときは制服があるが、日曜学校のときは少しおめかしをする。(1984年)

同じきびしい戒律を守りながら一日を過ごす。そして、夜八時ごろから「菩提樹供養」が始まる。人びとは寺の菩提樹の前に集まり、そこで僧侶の説経や読経をきき、自らも供養を捧げる。この菩提樹供養あるいは菩提樹信仰は、昔からあったものではあるが、現在の形での供養は、一九七〇年代から始まり、仏教ナショナリズムの風潮の中で急速に広まったものである。

わたしがいた村の寺院には古い菩提樹にまつわる起源譚があるが（一章参照）、これはあるゴイガマ・カーストのおばあさんが語ってくれたものである。このおばあさんの家は、代々僧侶をだしていた家柄であるが、それもすこし特殊な性格の家であった。わたしが調査した村の家々にはそれぞれ屋号のようなものがついていたが、このおばあさんの家は「ガネーゲデラ」とよばれていた。これはかつて「ガニンナーン

写真46　マハヌワラの中心におかれた仏歯寺。その後日本からの寄付で金のおおいが設けられたりして、いまではすがたが変わっている。町の東の端に王宮と並んで建てられており、王権と仏教との表裏一体の関係が表されている。(2004年)

セー」をだしていたことからつけられたのだというが、スリランカの仏教史にとってはくせものであった。

スリランカの仏教僧団は、一定期間の修業を終えて一人前の僧侶として認められた「ビク」(比丘)が最低五人いないと成立しない規則になっている。かつてのウダラタ(キャンディ)王国時代の末期にこの比丘がいなくなって仏教僧団が消滅した時期があった。このころのシンハラ社会では、正式に出家していない僧侶もどきが葬式などをとりしきっていた。ガニンナーンセーというのは、正式に出家せず、家族も財産もある在家の僧侶をさしている。ガニンナーンセーはふだんは自分の家で生活し、葬式などの儀礼があると黄色の衣ならぬ黄色の糸(紐)を肩からかけてでかけていってお経をよんだのだという。

一方、日曜学校というのはあきらかにキリスト教の制度をモデルにしたものである。わたしのいた村でも、先にふれたすこしあやしい若い僧侶が、ダントゥレの小学校を借りて日曜学校を開いていた。これは僧侶が責任をもつとともに、村の信心深い在家の人びとなども先生役で子供たちを指導する。ここで用いられている教科書は、キリスト教のYMCAをモデルにして組織されたYMBAが編纂した教科書である。このYMBAの組織化には、アメリカで創設され、その後インドに本部を移し、現在も南インドのマドラス（チェンナイ）に本部のある「神智協会」が深くかかわっていた。

この神智（学）協会は、教祖というべきロシア系のマダム・ブラヴァツキーと、マネージャーにあたる退役軍人オールコット「大佐」との二人が中心になって一八七五年に創設された。おりしもヨーロッパ、アメリカは空前のオカルト・ブームのなかにあった。これは、社会・経済制度の変化とともに、功利主義、拝金主義が横行し、金万能の世の中に道徳、精神が腐敗していることへの危機感から、これを改革しようとする動きとしてあらわれた。現在でも同じような現象を見ることができるのだが、当時の動きとしてとくに注目すべきなのは、既成の宗教への批判、それは取りも直さずキリスト教会への批判であるが、それに加えて科学と宗教との調和、などをめざしたことである。神智協会も、神秘主義と合理主義が微妙に混合した教義を特徴としている。

この協会の影響力は意外に大きく、マダム・ブラヴァツキーは現代オカルティズムの祖としてあがめられているし、ガンディーが登場する直前にインド独立運動の指導的立場にあったベザント夫人はこの協会の会長であった。また、現在も隠然たる支持者をもつクリシュナムールティも、人智協会のシュタイナーもこの協会で育ち、のちに独立した人物である。さらにこの協会は、スリランカでは十九世紀後半からの仏教の改革に直接タッチし、また仏教を核にした反英独立運動にもおおきな影響を与えた。仏教日曜学校や仏教旗の制定、仏教教義問答の出版など、キリスト教を批判しながら、しかしキリスト教流儀での仏教を改革をすすめるという、やや屈折した影響を残したのである。そしてその影響のもとに、ＹＭＢＡなども創設された。

わたしたちがスリランカでお目にかかる仏教の多くの部分は、伝統の皮をかぶった新しい仏教である。最古の伝統に連なる上座仏教を奉ずるとはいえ、この間複雑な歴史的過程を経ており、また、十八—十九世紀にはむしろ外来のヒンドゥー教徒王が、仏教王権の性格を再建強化した経緯もある。それだけに、もっとも純粋仏教に近い形と評価する向きと、そこから外れるとぼろくそにいう向きとが混在している。いずれも、外からさまざまなフィルターをかけたイメージに支配された評価にすぎない。その意味でも、村の仏教を通して、もう一度人びとが生きている仏教世界を、見直す必要があり、それが現在までの重要なテーマとなったのである。

結　スリランカからインドへ――ナショナリズムで結ばれて

一九八三年からスリランカ全土に吹き荒れた民族紛争の嵐はますます激しくなり、村にいてもさまざまな悪しき影響を受けるようになった。とくに、八〇年代末になると、村の中で無惨な殺りくが行われて親しい友人を何人か失った。村の人びとは微妙なことには口を閉ざすようになり、しだいに調査も困難になっていった。それもあって、八六年ごろから、もともと強い関心があったインド本土へ転身を図ることにして、当時マドラス大学地理学科教授であったスッバイヤー先生の助言をうけながら準備を進めた。そして、勤務先の南山大学から研究賜暇をいただいて、一九九〇年から九一年にかけて、スリランカとも関係が深い南インド、タミルナードゥ州中部の村落で、同じ人類学者である妻とともに調査を実施することにした。その後主にインドを中心に研究調査を進めてきたが、その根底には、インド特有のカースト制への関心があり、またスリランカ調査から引き継いだ、国家、宗教、ナショナリズムへの関心があったことはいうまでもない。

クリケット・マッチ

スリランカだけでなく、インド、パキスタンなども含めて、旧英領の南アジア諸国では、クリケットがスポーツの王道である。野球がなく、サッカーなどでもあまり国際的な活躍が望めないな

写真47　少年たちが、海岸の砂浜で草クリケットに興じている。本来のゲームは１チーム11人ずつで構成されるが、数人でも遊んでいる姿をみかける。(2007年、マドラス市)

かで、クリケットだけは世界各国に伍して対等に戦っており、人びとには格別の人気を誇っている。当然子どもたちにとってクリケット選手は英雄である。日本で草野球が行われるように、スリランカでもインドでも草クリケットがそこらじゅうで行われている。また、国際試合がある日には、人は皆、テレビやラジオにかじりついて応援する。

旧英領を中心に限られた範囲にのみ普及しているクリケット界では、長らくテスト・マッチとよばれる正式の国際試合に参加できる国が限定されていた。インドは早くから加盟が許されていたが、スリランカは蚊帳の外であった。ただ、スリランカのクリケットの歴史そのものは長く、すでに一八三二年には始まっていた。一八八二年には非公式ながら最初の国際試合が行われ、一九三七年にはクラブ対抗の国内選手権がスタートした。その後、強豪のオーストラリア・チームなどが、イギリスへ遠征するさいなどに立ち寄り非公式試合も行われた。一九五〇年代から次第に力をつけ、長い努力の末、ついに一九八一年に正式に加盟が認められて、翌一九八二年に最初の公式のテスト・マッチが行われた。

そして、わたしが村に滞在していた一九八五年、ホームにインドを迎えて念願のテスト・マッチが行われることになった。まだテレビが普及していない時代で、それこそ村中の人びとがラジオにかじりついて、勝負の成り行きに一喜一憂していた。事前の予想では、当時世界のトップクラスにあったインドに対して、新興のスリランカは圧倒的に不利であった。しかしインドの調整不足もあって、予想を覆しスリランカが一勝二分けでシリーズに勝利した。この勝負が行われた一九八五年は、インドとの国際関係が非常に微妙な時期にあたっていたこともあって、この歴史的勝利に国中がひっくり返るような大騒ぎになった。会場には時の大統領ジャヤワルダナが観戦に訪れており、勝利した場合試合の翌々日を休日にしようと協議していたようであるが、我を忘れて翌日を休日にすると宣言してしまった。

スリランカの人びとは、それほどインドを強く意識しているのだが、わたしもつねづねインドへの思いを持っていたし、調査が進むにつれてそれはますます強くなっていた。

ちなみに、スリランカはその後、イギリスのプロ・リーグでも活躍したアラヴィンド・ダ・シルワ、アルジュナ・ラナトゥンガや、世界最高打点記録をつくったサナット・ジャヤスーリヤなどの世界的な名選手が輩出して、ワールド・カップなどでも屈指の強豪国になった。そして、二〇一一年のワールドカップでも、また二〇一四年の最近導入された短時間で終わるT20と呼ばれる試合形式のワールドカップでも、インドとスリランカが決勝戦を戦っている。二つの国にまたがって調査を行った経験のあるわたしには幸いなことに、二〇一一年はインド、二〇一四年はスリランカが勝って痛み分けにおわった。ただ二〇一五年は残念ながらともに決勝まで残れなかった。

インドでも歴史的村落を

わたしはスリランカの調査に入ったとき、特定のテーマを定めていたわけではなかった。初めのうちは、社会人類学調査の常道を踏んで、生業経済、家族親族、宗教儀礼などを中心に調査資料を収集していた。事態は現場の方からやってきて、その後の調査は大きな方向転換を迫られることになった。村の中にも入ってきた八三年暴動やJVPの影響で、イデオロギーやナショナリズムの研究への転身を促されたのである。再三申し上げているように、人類学者は、フィールドから出発し、フィールドでつくられる。あまり事前に勉強しすぎた硬い頭で現地に入ると、本当に重要な問題を見のがすことになる。

インドでフィールドワークを行うについては、スリランカでの調査研究との関連で、南インドのタミルナードゥ州を対象とすることにした。スリランカは歴史的につねに南インドと深い関係にあり、とくに現在の社会文化はタミル社会文化の影響を強くうけている。しかしながら、インドとスリランカにまたがって住むタミル人と、スリランカのシンハラ人との間にはきびしい対立関係もある。このような社会の現状を知るのには、スリランカと南インドとの双方を視野に入れた調査研究が必要だとつねづね考えていた。

スリランカにもカースト制があったが、インドは本場である。そのため、南インドでのフィールドを選ぶときに、スリランカとの違いが際立つような地域を探すことにした。つまり、ブラーマンを含み、比較的多くのカースト集団が共生している村を調査対象とすることにした。ただ、伝統的な文化人類学の手法のように、ひとつの村に住みこみ、そこを徹底的に調査しつくすという方法はとらなかった。これは、南アジアの村落社会に「典型的」、「代表的」な村などないことが主な理由である。インドの村の生活は絶望的にばらばらである。

写真48　1990年に助手をつとめてくれた学生たち。後ろは村の寺院の門塔。現在一人は警察官、一人はプロカメラマン、一人は建設会社経営、もう一人はアメリカで仕事をしているということであった。（1990年）

かつて文化人類学は、動物社会の観察のように、ひとつの民族をあたかもひとつの動物種のようにみたてて、その行動を観察記録するのを第一の仕事としていた。どこを切っても金太郎飴のように、典型的代表的な村を一つ選んで調査研究すれば、その民族全体を理解することができるとの前提に立っていた。そのために、ひとつの村落社会を研究したにすぎないのに、その民族誌は「〇〇族の社会・文化」と銘打って恥じることがなかった。南アジアでは、このような典型的代表的な村落社会をみつけることは不可能である。

伝統的な手法をとらなかった第二の理由は、南アジアでは総じて村落の規模が大きいことがあげられる。南アジアの農村部では、村落の規模が数千人にのぼるのが、むしろふつうである。とくに、カースト社会の特徴をさぐろうとするには、ある程度大きな人口をかかえる村落を選ばないわけにはいかない。カーストの数の少ない小規模な村落をえらんでも、生活のさまざまな局面で村の外への依存度が高まるだけで、結局大きな範囲を対象とせざるをえなくなる。このようなひとつの村にすこしずつ生活様式の違う人びとが共存している社会の調査は、従来の常識からいえば、いくつもの民族を調査するにひとしい労力がいることになる。そのような観点から過去の研究を振り返ると、有名な研究者の調査がじつは部分的にすぎなかったことに気づく。とくに、権力嫌いのイギリスの人類学者キャスリーン・ガフが、ブラーマン・コミュニティのみを詳細に調査していたのは、どのような理由によるものなのか今になっては杳としてわからない。

再び紛争に巻きこまれる

最初に拠点としたマドラス（現チェンナイ）では、二階建ての建物の二階部分を借りた。このとき三つほどの部屋を見たが、決めたのは一番家賃の安いインド風のトイレをもつ部屋だった。引っ越してきた当日の朝に、この夫婦が、じゃあ出かけるからね、といって鍵をおいて行った。家にはお手伝いさんがいたのだが、それにしてもずいぶん不用心な人たちだと思った。ただ、このお手伝いさんは、わたしたち夫婦が部屋を下見に行ったときすでにわれわれの正体を見抜いていたものと見えた。この家族とはいまだに付き合いがある。しつこいようだが、ご縁のものである。

当時学校に上がったばかりの娘さんは、いわゆるノーティ・ガール（お転婆娘）で、両親が共稼ぎだったこともあって、ともかく学校から帰ってくると友達を連れて二階に上がってきて、そこら中走り回り、われわれに質問をしまくっていた。この娘さんは、今や設計技師としてバリバリ働いており、そのとき影も形もなかった息子は大学生になった。今でもこの家にいくと不思議と落ち着いて、昼間は食事以外の時間をゴロゴロ、もうひとつゴロゴロのーんびり過ごしている。

一方、タミルナードゥ農村調査の時期、インドではラーマ神の生誕地をめぐるアヨーディヤ問題が起こり、ヒンドゥー・ムスリムの対立が激化していた。それとともに、一九九〇年にはカースト制をめぐる大問題も起っていた。独立後のインドでは、カーストに代表される階層間の格差を是正するためにマンダル氏を委員長とする、後進階層に関するいわゆるマンダル委員会が設けられ、一九八〇年に報告がだされた。現実には実行に移されていなかったが、九〇年に政権を握ったときの政府が、この勧告を実施しようとしたのである。これをめぐってインド全土で大きな騒動が起った。

宗教間対立はマンディールとよばれるヒンドゥー寺院をめぐり、カーストの問題はマンダル委員会勧告をめぐるものであった。これが語呂合わせのように一九九〇年前後のインドを揺るがせた「マンダル、マンディール」問題である。やっかいなのは、このとき南アフリカの「マンデラ」氏がインドにやってきて、事情も知らずにマンダル勧告実施を賞賛し、非難を浴びるおまけ付きであった。マンダル勧告問題はまた、インドのカースト制をめぐる学問的議論を政治的に一蹴するインパクトをもっていた。それは、イギリス植民地政府とブラーマンとの合作として実体化が進んだカースト制を、インド社会みずからがさらに実体化する方向性をもっていたという意味でも、極めて重要なステップであり、一九五〇年代から繰り返されてきた議論を一挙に無効にしてしまったのである。

こうして、カースト研究は社会学的研究からすぐれて政治経済的研究の対象になった。とくにタミルナードゥ州は、独立以前から後進カーストの優遇措置を講じ、また独立後も中央政府に先んじて後進カーストの就職、就学のための優遇枠を設ける留保制度を実現に移してきた。その割合は最高裁がトータルで五十パーセントを超えないとうたっているのに対して六十八パーセントの留保枠を設け、違憲とされながら撤回せずに来ている。その速さといい、過激さといい、インドでも突出したカースト政策をとってきた地域である。

一九九〇年から一年間の南インド滞在中には、インドじゅうでこうしたカースト問題、宗教問題の嵐が吹き荒れ、その影響が南インドにも及んだ。それまで宗教間対立があまりなかった南インドでも、ヒンドゥー対イスラームの対立が表面化するようになった。われわれも一九九二年に南西インドのケーララ州を訪れたときに、ヒンドゥー、ムスリムの対立で、デモ隊と警官隊の騒動に巻きこまれた。乗っていたタクシーのガラスを日干し煉瓦で叩かれたが、幸い煉瓦がやわだったので、直接の被害は受けなかった。

言語ナショナリズム

南インドの調査では、基本的に英語がよく通ずるのと、四十代という年齢もあって、なかなかことばは上達しなかった。事前に本で学んだタミル語は文語だったようで、水をくださいというべきところを、飲料水をくれ、というような言い方をして、あとで大笑いしたものである。ともかく最初は、マドラスの郊外にあった国際タミル研究所が発行している教科書を使って、マドラス大学の卒業生にタミル語を教わった。この人は、スッバイヤー先生がかつて関係していた日本語学習コースで学んだ経験があった。この教科書はある意味傑作で、日本でも有名なリンガフォンを丸写ししてタミル語版にしたような構成になっていた。

その後、スッバイヤー先生のご紹介でタミル語を教えていただいたのは、思いもかけぬ大物言語学者、マドラス大学タミル語学科のコーダンダラーマン氏であった。皆はポン（Honarable）・コーダンダラーマンを縮めて、ポツコーと読んでいたが、これは語感とは違って、親しみをこめた尊称である。どの本を見ても、ポン・コーダンダラーマンとなっていて、本名はいまだに分からない。このポツコー先生との出会いはまぎれもなく貴重な経験になった。今になっては、コーダンダラーマン先生の名前を見て、ピンと来る方はそう多くはないであろう。この先生はタミル語研究の大物で、のちに述べる大野晋氏の日本語タミル語起源説のインド側のカウンターパートであった。

強調しておかなければならないのは、この言語系統をめぐる議論が、南インドからスリランカにかけてのナショナリズムの基本になっていることである。インドとくに北インドでは、ヒンドゥー、ムスリムの間の宗教間対立いわゆるコミュナル対立に代表される宗教ナショナリズムの影響が前面に出ているが、南インドとスリランカでは、むしろ言語ナショナリズムの様相を見せている。スリランカにおいてはパラナーウィタナやダルウィースなどによるシンハラ・アーリヤ説が大きな力を持ったが、タミルナードゥにおいてはタミル・ドラーウィダ説が現実的な意味を持った。反面、宗教間対立はインドほどの深刻さは見せてはいなかった。

南インドの言語が北インドの言語と異なる系統に属するという議論は十九世紀初頭から始まっていたが、アーリヤに対抗する「ドラーヴィダ」という概念を最初に提唱したのは、イギリスのロバート・コールドウェル（一八一四—九一）であった。コールドウェルは一八五六年に、『ドラーヴィダあるいは南インド諸語の比較文法』を出版し、初めて「ドラーヴィダ」という概念を提唱した。コールドウェルはこの「ドラーヴィダ」語族を南インドの大多数の人びとが話している言語を総称する概念と考えたが、その後の研究の進展によって、比較言語学的に中部インドから北西インドにかけても散在していることが明らかになった。この「ドラーヴィダ」というなづけはコールドウェルに帰するが、南インド諸語が北インド諸語とは異なった系統に属するという見方は、すでに一八一六年にイギリス東インド会社の行政官エリスによって指摘されていた。

コールドウェルによるドラーヴィダ語族の「発見」は、サンスクリット系、インド・アーリヤ（インド・ヨーロッパ）系の言語・文化をもつ北インドと異なった独自の伝統が南インドにあったとするナショナリスト的心情に油を注ぐ結果となった。言語学的には、非サンスクリットとしてのドラーヴィダ系言語はサンスクリット語とならぶ古い伝統をもつものであるだけでなく、とくに古代タミル語がサンスクリット語に平行して成立していたこと、あるいはサンスクリット語に影響を与えていた可能性なども指摘された。また、北西インドに同系の言語が存在することから、一九二〇年代のインダス文明の発掘ともあいまって、インダス文明はの担い手はドラーヴィダ系であり、後発のインド・アーリヤ系の人びとがインダス文明を破壊したのだ、という主張が盛んに喧伝されるようになった。

一見してわかるように、シンハラ・アーリヤ説はドラーヴィダ系のタミル語を強く意識したものであった。タミル語はタミル語で、インド・アーリヤ系のサンスクリットとは異系統のドラーヴィダ語族に属する言語として、その独自性と古い歴史が主張されていた。ここには明らかに民族の系統をめぐる政治的な闘争が、学問に色濃く反映されている。一見科学的、学問的な議論が、すぐれて政治性を帯びる好例である。そして、一九八〇年代の大野晋氏のタミル語起源説も、ドラーヴィダ・ナショナリズムにうまく利用されたふしがあった。

大野説にはタミル語の専門研究者が、それぞれ専門の立場からの批判を行ったが、シンハラ語を学んでいる時期に、この伝でいけば日本語シンハラ起源説ができると冗談で考えたことがあった。実感として、それほどシンハラ語は日本語とよく似ていたからである。とくに、文の構成がほぼ共通している。つまり「AはB」の文型で、「です」にあたるいわゆる繋辞がない。文語と口語の違いが大きく、文語には動詞の語尾活用変化がある。口語では、現在時制と未来時制が同じで過去時制のみが変化する。また、語順が非常によく似ているだけでなく、細かい言い回しまでそっくりなところがある。

八三年以降のスリランカの暴動は、基本的に宗教を指標としてはいなかった。一章で述べた八三年暴動のさい、わたしの乗っていたバスに乗り込んできたシンハラ人の警官が、乗客をつかまえて確かめようとしていたのは、何語を話すかということだった。スリランカのシンハラ語にしても、南インド、タミルナードゥ州のタミル語にしても、いずれも第二次大戦終結後の国民国家形成の過程で、共通言語への意識が強く、ナショナリズムの中心におかれた。とくにそれぞれの言語が古い歴史を持ち、かつその古い形態は、外部からの影響を受けない純粋のものであった、という前提に立った言語純化運動が双方で起った。その結果、現実には互いに混じり合った部分があったとしても、それぞれ純化された言語や歴史を盾にとって、互いが相対立するナショナリズムの時代に入っていたのである。

写真49　2012年の調査は、われわれがつくった質問表をもとに、村の近くのクンバコーナム市にある州立アーツ・カレッジの学生の調査実習として実施された。(2012年)

継続は力なり

南インドでの村落調査は、一九九一年にいったん終了したものの、その後ほぼ毎年南インドを訪れるようになり、その分スリランカとはご無沙汰になった。この間、インド映画にはまり、サリーを代表とするファッションにはまり、いわゆるポピュラー・カルチュアを扱うようになったが、これはあくまでも、一貫した研究主題である「ナショナリズム」との関連においてのことであった。二〇〇四年十二月二十六日のスマトラ沖大地震、インド洋大津波は、ちょうどインドに着いたその日に起こり、不思議なご縁があって、その後も被災地の調査を続けることになった。

そして、二〇一一年には、啓示をうけた妻の発案でふたたびかつての調査村を訪れ、現地の大学と共同で現地調査を実施することになった。この間じつに二十年の時が流れていた。二十年ぶりに訪れた南インドの村落は、外から見るとあまり様子が変わっていないのにまずは驚かされた。しかし、村の人と話しているうちに、外見は変わっていなくとも、人びとは一世代交代しており、実際は大きく様変わりしていたことに気づいた。なにより、村が急速に空洞化しつつあることに改めてショックを受けた。この研究の成果は別にまとめる予定なので、本書ではあまり詳しく触れることはない。いずれにしても、二十年という時間をおいた現地での経験も、かつて見えていなかったさまざまな重要な事柄を改めて教えてくれている。

この間、スリランカからインドにかけて三十年あまり現地調査を繰り返してきた。そこで見たものは、牧歌的な村落社会のイメージではなく、権謀術数うずまくイデオロギーや政治の世界であった。はじめに、シンハラ語の系統を考えるときに、言語学的な議論がタミル語との関係の中でのアーリヤ神話が支配的であったことが分かった。また、村の生活のなかでも、衣装が単なる身を守り、着飾るためだけのものでなく、ナショナリスト・イデオロギーの発露であることも分かってきた。人生いたるところナショナリズムに遭遇するのであり、そのためその後の研究はナショナリズム、植民地主義、国家の問題を強く意識することになる。結果、わたしの南インド研究にはつねに暴力のにおいが消えることがなく、映画やファッションの問題もまた、政治との関係を抜きにしては語れないことになった。

さらに翻って、平和主義を希求してきたはずの仏教が、やはりナショナリズムと一体だったこと

写真50　1990年に調査した村を20年後の2011年に訪れたときの第一印象は、驚くほど外観は変わっていないということであった。ただ、そこに住む人びとには大きな変化があった。(2012年)

写真51　村の不可触民が住む地域を、青年が通りすぎていった。大学で学んでいて、政府から支給されたパソコンを携えていた。生活全般とともに教育面では非常に大きな変化があった。(2012年)

も分かってきた。とくに、イギリスの影響で独立運動の中心となったアナガーリカ・ダルマパーラは仏教の改革と社会の改革をともにおしすすめ、それによってみずから自律的な独立国家の運営をめざすという独立運動を指導した。こうした宗教改革と独立運動を平行して推進する動きは、インドにおけるヴィヴェーカーナンダらが進めたいわゆるネオ・ヒンドゥイズムなどとも共通している。

宗教は、国家とともに社会を大きく統合するための、大きな物語を提供する制度である。それだけでなく、とくに近代の宗教は、社会・政治よりも人びとの内面により深く関わる制度にもなった。宗教は人びとの精神性・内面性を支配する最強の原理となったのである。こうして、人びとは自らの生存の原理を宗教に深く委ねることになる。それがナショナリズムと連動するとき、自らの存在を脅かす外部の力にたいしては、生存を賭けた闘いをいどむ結果にもなる。現在各地で起っている宗教民族紛争は、こうした建前としての近代的政教分離主義と、人びとの内面により深く浸透した宗教が矛盾し、また反近代を旗印に提携したときに、もっとも危険な暴力性をもつことをしめしている。スリランカからインドにかけての混乱は、そうした近代の矛盾を抱えた世界の縮図である。

おわりに

　スリランカでもインドでも奇蹟的な出会いは一度や二度に止まらない。二〇一一年九月一日、南インド、タミルナードゥ州中部にある調査村の、ウィナーヤカ誕生祭（チャドゥルティ）を訪れたとき、今は結婚して州都マドラスに住んでいて、たまたま帰省していた娘さんが、二十年前にわたしたちがさしあげた写真を大事にもっていたのに遭遇した。

　この村には一風かわったウィナーヤカ（ガネーシャ）像をもつヒンドゥー寺院があり、その日は巡礼客や帰省した親族などで大いににぎわっていた。この村ティルップランビヤムは二十年前に現地調査を行った村である。寺院から東にのびる道沿いの家を訪ねると、娘さんは、以前にもこの家を訪れたことなど昔話をしていたわたしたちに、バッグのなかから一枚の古ぼけた写真をとりだして見せてくれた。そこには九・十月に行われる「ナワラートリ」祭の「ゴル」と呼ばれる雛壇飾りのような人形飾りの横に、品のよいおばあさんに抱かれたかわいい赤ん坊が写っている。ちょうどおなじ年格好の赤ん坊を抱いた娘さんが、二十年後のその人であった。

　二十年前おばあさんに抱かれていた赤ん坊が、同じ年ごろの子供を抱きながら、昔われわれが送った写真をいつも大事に持っておられたことを知って、人類学とはかくも気の長い仕事であることをつくづく知らされるとともに、このような出会いがあることを、なにより幸せなことだと実感

写真52　運命の再会。2012年に20年ぶりに訪れた村では、いろいろ感動的な出会いがあった。とくにこの女性は、かつておばあさんと一緒の写真を差し上げた当の赤ちゃんの成長したすがたであった。(2012年)

した。というよりも、こうした経験にうるうるくるような、湿っぽい人間が、この気の長い人類学という研究活動に従事しているといった方が適当なのかもしれない。

二十年後の再調査は二〇一四年に一応終止符を打ち、今は成果公開に向けて資料を整理している段階である。村が空洞化している反面二〇〇〇年代に入って次つぎと寺院が再建されている。タミルの寺院は古いことに価値を見出さないので、時々再建されて面目を一新するのだが、あまり豊かとはいえない村の中小の寺院が競争するように再建されている。今年の調査で、こうした寺院の動きのいわばフィクサーが、親しくしていたブラーマンだったこともわかった。その人は、なんと先の娘さんの家の向かいに住んでいて、同じ日にゴルを見せて

写真53　20年ぶりに再訪したときは、村のウィナーヤカ（ガネーシャ）神を祀る祭礼が行なわれていた。この神については、洪水のときに水を井戸に導いて村を洪水から救ったという伝説がある。（2012年）

もらいに行っていたことも思い出した。不思議な縁に再びめぐり合うとともに、その背後には宗教的なナショナリズムの新たな動きも垣間見える。

こうして、長い歳月を経て初めて、以前には気づかなかったことが、次つぎと連鎖して分かってくるようになる。それは一年二年継続的に調査を行っていても見えなかったことがいかに多いのかを如実に示している。まことに人類学調査とは果てしのない営みである。

＊　＊　＊　＊

本書を一読されれば、私の調査がいつも受け身で刹那的に進行していることに気づかれるであろう。それは、なにごとにも怠惰で優柔不断な個人的資質によるものであり、周囲を苛立たせる原因にもなっている。そして、とかく主体性が声高に主張されていた時代に、それを相対化するような、レヴィ・ストロースの構造論や、吉本隆明の関係の絶対性や、廣松渉の無根拠性などに共感し、それを言い訳にしつつ、ひどく矮小化した生き方をしてきたのだとも、いまさらながら思う。運命論者というのはその言い訳にすぎないのかもしれないが、それが逆にいろいろな人びとからの声を聞く機会を得られたことをこそ喜ぶべきなのであろう。

本書は基本的に書き下ろしであるが、すでに発表したいくつかの文章と重複する箇所がある。ただし、いずれの場合も大幅に改訂していることをお断りしておきたい。また、スリランカに関する知識をさらに深めるために、私が関わったスリランカの入門書、『もっと知りたいスリランカ』（弘文堂、一九八七年）、『暮らしがわかるアジア読本スリランカ』（河出書房新社、一九九八年）、『スリランカを知るための58章』（明石書店、二〇一三年）なども参照していただければ幸いである。

調査を実施するにあたっては、文中にその名をあげた方々のほかにも、非常に多くの人びととの交流があった。スリランカのワルガンパーヤ村、インドのティルップランビヤム村の皆さんには、ご迷惑もおかけしたし、また大変なお世話にもなった。とりわけ、親代わりになってくれたダルマダーサ夫妻には感謝の言葉がない。もちろん、調査の過程では苦労も多かったが、今になってみれば、まったく見知らぬ人びとと交流できるという経験は、何物にも代えがたい大いなる喜びでもあった。さらに、お世話になったスリランカとインドの研究者や友人、学生時代から今日まで学恩をうけた諸先生、諸先輩にも、いちいちその名を記さないが、あらためて感謝申し上げる。そして、いつも背中を押してくれる杉本星子に感謝する。

最後に、本書が成るにあたって、詳細にわたって貴重な意見をいただいたシリーズ編集担当の印東道子、白川千尋、関雄二各氏と、怠惰さにおいてまことに強情な筆者を巧妙にコントロールし、予定通り出版にこぎつけていただいた臨川書店編集部の西之原一貴、工藤健太両氏に深甚の感謝を申し上げる。スリランカについて、今日までまとまった民族誌を出版してこなかった長年の負債を解消する機会を与えていただいたことは、まことに感謝に耐えない。

杉本良男（すぎもと　よしお）

1950年北海道生まれ。東京都立大学大学院社会科学研究科社会人類学専攻博士課程単位取得・満期退学。博士（社会人類学）。国立民族学博物館民族文化研究部教授。専攻は社会人類学、南アジア研究。南アジア世界における宗教および文化とナショナリズムについての研究をおこなう。主な著書に、『キリスト教文明とナショナリズム――人類学的比較研究』（編著、風響社、2014年）、『スリランカを知るための58章』（編著、明石書店、2013年）、『インド映画への招待状』（青弓社、2002年）などがある。

フィールドワーク選書⑭
スリランカで運命論者になる
仏教とカーストが生きる島

二〇一五年五月三十一日　初版発行

著者　杉本良男
発行者　片岡敦
印刷製本　亜細亜印刷株式会社
発行所　株式会社臨川書店
606-8204　京都市左京区田中下柳町八番地
電話（〇七五）七二一―七一一一
郵便振替　〇一〇七〇―二―八〇〇

落丁本・乱丁本はお取替えいたします
定価はカバーに表示してあります

ISBN 978-4-653-04244-0 C0339

〔ISBN 978-4-653-04230-3 C0339　セット〕

フィールドワーク選書　刊行にあたって

編者　印東道子・白川千尋・関　雄二

人類学者は世界各地の人びとと生活を共にしながら研究を進める。何を研究するかによってフィールド（調査地）でのアプローチは異なるが、そこに暮らす人々と空間や時間を共有しながらフィールドワークを進めるのが一般的である。そして、フィールドで入手した資料に加え、実際に観察したり体験したりした情報をもとに研究成果を発表する。

実は人類学の研究でもっともワクワクし、研究者が人間的に成長することも多いのがフィールドワークをしているときなのである。フィールドワークのなかでさまざまな経験をし、葛藤しながら自身も成長する。さらにはより大きな研究トピックをみつけることで研究の幅も広がりをみせる。ところが多くの研究書では研究成果のみがまとめられた形で発表され、フィールドワークそのものについては断片的にしか書かれていない。

本シリーズは、二十人の気鋭の人類学者たちがそれぞれのフィールドワークの起点から終点までを描き出し、それがどのように研究成果につながってゆくのかを紹介することを目的として企画された。なぜフィールドワークをしたのか、どのように計画をたてたのかにはじまり、フィールドでの葛藤や予想外の展開など、ドラマのようなおもしろさがある。フィールドで得られた知見が最終的にどのように学問へと形をなしてゆくのかまでが、わかりやすく描かれている。

フィールドワークをとおして得られる密度の濃い情報は、近代化やグローバル化など、ともすれば一面的に捉えられがちな現代世界のさまざまな現象についても、各地の人びとの目線にそった深みのある理解を可能にしてくれる。また、研究者がフィールドの人々に受け入れられていく様子には、人間どうしの関わり方の原点のようなものをみることができる。それをきっかけとして、人工的な環境が肥大し、人間と人間のつながりや互いを理解する形が変わりつつある現代社会において、あらためて人間性とは何か、今後の人類社会はどうあるべきなのかを考えることもできるであろう。フィールドワークはたんなるデータ収集の手段ではない。さまざまな思考や理解の手がかりを与えてくれる、豊かな出会いと問題発見の場でもあるのだ。

これから人類学を学ぼうとする方々だけでなく、広くフィールドワークに関心のある方々に本シリーズをお読みいただき、一人でも多くの読者にフィールドワークのおもしろさを知っていただくことができれば、本シリーズを企画した編集者一同にとって、望外の喜びである。

（平成二十五年十一月）

印東道子・白川千尋・関 雄二 編

フィールドワーク選書 全20巻

四六判ソフトカバー／平均 200頁／各巻予価 本体 2,000円+税 臨川書店 刊

1 **ドリアン王国探訪記** マレーシア先住民の生きる世界 信田敏宏 著 本体二、〇〇〇円＋税

2 **微笑みの国の工場** タイで働くということ 平井京之介 著 本体二、〇〇〇円＋税

3 **クジラとともに生きる** アラスカ先住民の現在 岸上伸啓 著 本体二、〇〇〇円＋税

4 **南太平洋のサンゴ島を掘る** 女性考古学者の謎解き 印東道子 著 本体二、〇〇〇円＋税

5 **人間にとってスイカとは何か** カラハリ狩猟民と考える 池谷和信 著 本体二、〇〇〇円＋税

6 **アンデスの文化遺産を活かす** 考古学者と盗掘者の対話 関 雄二 著 本体二、〇〇〇円＋税

7 **タイワンイノシシを追う** 民族学と考古学の出会い 野林厚志 著 本体二、〇〇〇円＋税

8 **身をもって知る技法** マダガスカルの漁師に学ぶ 飯田 卓 著 本体二、〇〇〇円＋税

9 **人類学者は草原に育つ** 変貌するモンゴルとともに 小長谷有紀 著 本体二、〇〇〇円＋税

10 **西アフリカの王国を掘る** 文化人類学から考古学へ 竹沢尚一郎 著 本体二、〇〇〇円＋税

11 **音楽からインド社会を知る** 弟子と調査者のはざま 寺田吉孝 著

12 **インド染織の現場** つくり手たちに学ぶ 上羽陽子 著 本体二、〇〇〇円＋税

13 **シベリアで生命の暖かさを感じる** 佐々木史郎 著 本体二、〇〇〇円＋税

14 **スリランカで運命論者になる** 仏教とカーストが生きる島 杉本良男 著 本体二、〇〇〇円＋税

15 **言葉から文化を読む** アラビアンナイトの言語世界 西尾哲夫 著

16 **イタリア、ジェンダー、そして私** 宇田川妙子 著

17 **コリアン社会の変貌と越境** 朝倉敏夫 著

18 **故郷中国をフィールドワークする** 韓 敏 著

19 **仮面の世界を探る** アフリカ、そしてミュージアム 吉田憲司 著

20 **南太平洋の伝統医療とむきあう** マラリア対策の現場から 白川千尋 著 本体二、〇〇〇円＋税

＊白抜は既刊・一部タイトル予定